INHALTSVERZEICHNIS

Wintertime
8 Ein Wort vorweg

Klein und fein
11 Vorspeisen und Salate

Nahrhafte Wärme
33 Suppen und Eintöpfe

Bunte Vitamine
47 Wintergemüse

Das gibt Kraft!
76 Herzhaft Gebratenes

To go
101 Winterpicknick

Heiße Wohltat
116 Drinks

Betthupferl
126 Süßes

Was wächst?
156 Saisonkalender

158 Verzeichnis der Rezepte

EIN WORT VORWEG

Der Winter ist die Jahreszeit, in der wir uns am meisten zu Hause aufhalten und besonders gern in der wohlig warmen Küche kochen oder backen, während draußen Eiseskälte herrscht oder der Schnee leise rieselt.

In diesem Buch finden Sie eine Auswahl an frisch, frech und kreativ kombinierten, einfach zu kochenden Rezepten mit viel Gemüse, Fisch und Fleisch, die ganz einfach Spaß machen, gut schmecken und herrlich einheizen.

Wir möchten Ihnen sehr ans Herz legen, regionale und saisonale Produkte zu verwenden. Die Wintergemüse und vor allem die Vielzahl an robusten Wurzeln sind alle gut zu lagern, halten sich somit lange frisch und sind schnell und praktisch zum Kochen verfügbar.

Der Saisonkalender auf Seite 157 zeigt Ihnen auf einen Blick die ganze Vielfalt, die uns in den Wintermonaten zur Verfügung steht.

Die Rezepte werden begleitet von Bildern winterlicher Idyllen mit ihrer besonderen Ausstrahlung. Ruhige weiße Landschaften, tanzende Schneeflocken und glitzernde Eiszapfen regen vielleicht auch Sie zu einem langen Spaziergang durch die Winterwunderwelt an, bevor Sie sich dann – wieder zu Hause – dazu inspirieren lassen, das eine oder andere Rezept auszuprobieren.

Zum Aufwärmen gibt's gleich eine leckere heiße Sanddorn-Honigmilch mit Chili und Schokosirup oder für einen langen Abend mit Freunden eine Feuerzangenbowle mit Holundersaft und Cassis. Und zum Mitnehmen auf die Rodelbahn eignet sich perfekt der in der eigenen Hülle gebackene Kürbiskuchen.

Mit der meist preisgünstigen Auswahl an saisonalem Gemüse lassen sich großartige Gerichte zaubern. Mit diesem Buch möchten wir die Bandbreite an winterlichen Rezepten erweitern und Lust machen auf die Besonderheiten und Qualitäten der Winterküche.

Wir wünschen Ihnen gutes Gelingen und einen traumhaften Winter!

Claudia Seifert und Sabine Hans

Alle Rezepte sind, sofern nicht anders vermerkt, für 4 Personen berechnet.

Klein und fein
VORSPEISEN ✳ SALATE

Endiviensalat mit Kartoffeldressing und Berglinsen

‹ Schwarzwurzeln in Bierteig mit Birnen-Karotten-Salsa

Birnen-Karotten-Salsa
2 EL Kürbiskernöl
1 Zwiebel, fein gewürfelt
1 Karotte, geschält, fein gerieben
50 ml Weißwein
1 Birne, geschält, entkernt, fein gewürfelt
Salz | Pfeffer aus der Mühle
½ TL Senfsamen
2 EL Crème fraîche

Schwarzwurzeln in Bierteig
800 g Schwarzwurzeln
3 EL Weißweinessig
125 ml Bier
100 g Mehl (Type 550)
100 g Kichererbsenmehl
3 EL Milch
2 Eier
2 EL Olivenöl
200 ml Öl zum Frittieren (z. B. Sonnenblumenöl)

Zubereitungszeit: 50 Minuten

1. Das Kürbiskernöl in einem Topf erhitzen. Zwiebel und Karotte darin andünsten. Mit dem Weißwein ablöschen und 10 Minuten zugedeckt kochen lassen. Die Birne, Salz, Pfeffer und Senfsamen hinzufügen und weitere 5 Minuten köcheln lassen. Nach dem Ende der Garzeit die Crème fraîche darunterrühren.

2. Die Schwarzwurzeln quer halbieren und schälen (dabei am besten Handschuhe tragen, da die Hände sonst schwarz werden). Sofort in einen Topf Wasser geben, welches mit Essig und 1 TL Salz vermischt wurde. Zugedeckt 15 Minuten garen.

3. In der Zwischenzeit für den Bierteig Bier, Mehl, Kichererbsenmehl, Milch, Eier, Olivenöl und Salz mit einem Schneebesen gut verrühren.

4. Das Frittieröl erhitzen. Die Schwarzwurzeln abgießen und trocken tupfen, dann durch den Bierteig ziehen und im heißen Öl frittieren. Mit einer Schaumkelle herausnehmen und auf Küchenpapier abtropfen lassen. Mit der Birnen-Karotten Salsa servieren.

<< Endiviensalat mit Kartoffeldressing und Berglinsen

2 EL Kürbiskernöl
3 Zwiebeln, fein gewürfelt
100 g Cabanossi (pikante Schweinefleisch-Rohwurst), fein gewürfelt
250 g Karotten, geschält, fein gewürfelt
100 g Berglinsen (kleine festkochende Linsen, aus dem Bioladen oder Reformhaus)
Salz
300 ml Gemüsebrühe

Kartoffeldressing
2 EL Olivenöl
2 Knoblauchzehen, fein gehackt
120 g Kartoffeln, geschält, fein gewürfelt
250 ml Gemüsebrühe
3 EL Weißweinessig
50 ml Schlagsahne
weißer Pfeffer aus der Mühle
frisch geriebene Muskatnuss

1 Endiviensalat

Zubereitungszeit: 50 Minuten

1. Das Kürbiskernöl in einem Topf erhitzen. Die Hälfte der Zwiebelwürfel, Wurst, Karotten, Linsen, Salz und Gemüsebrühe hinzufügen. Zugedeckt bei mittlerer Hitze 15 Minuten garen.

2. In der Zwischenzeit für das Dressing in einem zweiten Topf das Olivenöl erhitzen. Die restlichen Zwiebelwürfel, Knoblauch und Kartoffeln darin 5 Minuten bei mittlerer Hitze anbraten. Mit Brühe und Essig ablöschen und die Kartoffeln zugedeckt bei mittlerer Hitze 15 Minuten garen.

3. Den Endiviensalat in sehr feine Streifen schneiden, in lauwarmem Wasser waschen und in einem Sieb gut abtropfen lassen.

4. Die Sahne zum Dressing geben und alles mit dem Pürierstab fein pürieren. Mit Salz, Pfeffer und Muskatnuss würzen und abkühlen lassen. Das Dressing und den Salat gut vermischen und mit den Berglinsen servieren.

Dazu passt ein Kartoffelbrot.

Rotkohl-Chicorée-Salat mit eingelegten Birnen und Cashew-Crunch

Rotkohl-Chicorée-Salat mit eingelegten Birnen und Cashew-Crunch

Eingelegte Birnen
300 ml Birnensaft
2 EL Weißweinessig
1 EL Honig
0,1 g Safranfäden
4 Birnen, geschält, halbiert, entkernt

Cashew-Crunch
50 g Cashewkerne, grob gehackt
60 g Zucker

Rotkohl-Chicorée-Salat
2 EL Sonnenblumenöl
300 g Rotkohl, in feine Streifen geschnitten
2 EL Weißweinessig
1 EL Honig
Salz, schwarzer Pfeffer aus der Mühle
300 g Chicorée, in feine Streifen geschnitten

Zubereitungszeit: 50 Minuten

1. Den Birnensaft mit Essig, Honig und Safran aufkochen. Die Birnenhälften bei milder Hitze 5 Minuten darin köcheln und anschliessend in dem Sud abkühlen lassen.

2. Die gehackten Cashewkerne auf einem mit Backpapier ausgelegten Teller verteilen. Den Zucker in einem kleinen Topf bei milder Hitze karamellisieren lassen. Den Karamell über die Nüsse verteilen und erkalten lassen.

3. Das Öl in einer Pfanne erhitzen und den Rotkohl darin unter Rühren 5 Minuten braten. Den Essig, 100 ml Birnenkochsud, Honig, Salz und Pfeffer hinzufügen und nochmals kurz aufkochen lassen. Danach den Chicorée hinzufügen und untermischen.

4. Die Birnen aus dem Sud nehmen. Den Cashew-Crunch grob zerbrechen, mit dem Salat und den Birnen servieren.

Dazu passt Baguette.

‹ Brokkoli-Quiches

Ergibt 8 Muffins

Mürbeteig
250 g Vollkornmehl
125 g kalte Butter, in kleinen Stücken
1 Eigelb

300 g Brokkoli, in kleine Röschen geteilt
Salz
3 Eier
120 ml Schlagsahne
50 ml Milch
50 g Ziegenfrischkäse
frisch geriebene Muskatnuss
Salz | Pfeffer aus der Mühle
1 kleine rote Zwiebel,
in hauchdünne Ringe geschnitten

**Zubereitungszeit: 40 Minuten
(ohne Backzeit)**

1. Für den Mürbeteig Mehl, Butter, Eigelb und 2 EL kaltes Wasser mit den Knethaken des Handrührgeräts zu einem glatten Teig verkneten. In Frischhaltefolie wickeln und 30 Minuten in den Kühlschrank stellen.

2. In der Zwischenzeit den Brokkoli 6 Minuten in kochendem Salzwasser garen. Herausnehmen, kalt abschrecken und abtropfen lassen.

3. Eier, Sahne, Milch, Ziegenfrischkäse, Muskatnuss, Salz und Pfeffer mit einem Schneebesen verrühren.

4. Den Mürbeteig auf der bemehlten Arbeitsfläche ausrollen und acht Kreise von 12 cm Durchmesser ausschneiden. 8 Vertiefungen des Muffinblechs fetten und die Teigkreise in die Förmchen legen. Brokkoli und die Zwiebelringe auf die Teigböden verteilen und mit der Ei-Sahne-Mischung bedecken. Im Backofen bei 180 Grad (Umluft 160 Grad) auf der mittleren Stufe 20–25 Minuten backen.

Brotsalat mit Radicchio, Kürbis und Kürbiskernen

300 g Kürbis, geschält, entkernt,
in 2 x 2 cm große Würfel geschnitten
Salz
4 EL Olivenöl
250 g Brot vom Vortag,
in 2 x 2 cm große Würfel geschnitten
2 Knoblauchzehen, in dünne Scheiben geschnitten
1 Zwiebel, fein gewürfelt
50 g Kürbiskerne
2 Zweige Thymian, Blättchen abgezupft
oder 1 TL getrockneter Thymian
250 g Radicchio, in feine Streifen geschnitten
3 EL Kürbiskernöl
1 EL Honig
2–3 EL Zitronensaft
Salz | Pfeffer aus der Mühle

Zubereitungszeit: 35 Minuten

1. Die Kürbiswürfel in kochendem Salzwasser 10 Minuten garen. Herausnehmen, kalt abschrecken und abtropfen lassen.

2. Das Öl in einer Pfanne erhitzen. Brotwürfel, Knoblauch, Zwiebel, Kürbiskerne und Thymian darin 3 Minuten bei milder Hitze rösten.

3. Die Brotmischung mit Radicchio und Kürbis mischen. Das Kürbiskernöl mit Honig, Zitronensaft, Salz und Pfeffer gut verrühren. Mit dem Brotsalat vermengen.

Brotsalat mit Radicchio, Kürbis und Kürbiskernen

Karamellisierte Avocado-Rettich-Creme

‹ Karamellisierte Avocado-Rettich-Creme

400 g schwarzer Rettich
oder ersatzweise Pastinaken
1 Avocado
3 EL Zitronensaft
Salz | Pfeffer aus der Mühle
1 Bund Petersilie, fein gehackt
oder 1 EL getrocknete Petersilie
70 g Crème fraîche
60 g gemahlene Haselnüsse
60 g Zucker

Zubereitungszeit: 40 Minuten

1. Den Rettich ungeschält in Salzwasser 20 Minuten garen. Abgießen und schälen.

2. Die Avocado längs halbieren, den Stein entfernen und das Fruchtfleisch mit Hilfe eines Löffels aus der Schale kratzen. Sofort mit dem Zitronensaft vermischen, damit es sich nicht verfärbt.

3. Avocado und Rettich mit Salz, Pfeffer, Petersilie und Crème fraîche fein pürieren. In 4 feuerfeste Förmchen (je 150 ml Inhalt) oder in eine große Form füllen. Mit den Haselnüssen und dem Zucker bestreuen. Unter dem Backofengrill bei 250 Grad 3–5 Minuten überbacken und karamellisieren lassen.

Vacherinkäse mit Baguette und Gewürzäpfeln

400 g Vacherinkäse
2 Knoblauchzehen, geschält, ganz
50 ml trockener Weißwein

Gewürzäpfel
2 EL geklärte Butter (Ghee,
aus dem Bioladen oder Reformhaus)
3 Äpfel, entkernt, in feine Spalten geschnitten
1 Zwiebel, fein gewürfelt
1 Msp. gemahlener Kardamom
1 TL Kreuzkümmel
grobes Meersalz (Fleur de Sel)
weißer Pfeffer aus der Mühle

1 Baguette

Zubereitungszeit: 1 Stunde

1. Den Vacherinkäse auf ein Stück Alufolie setzen und mit einer Gabel mehrmals einstechen. Die Knoblauchzehen in den Käse stecken, diesen mit dem Weißwein beträufeln und die Folie verschließen. Im vorgeheizten Backofen bei 200 Grad (Umluft 180 Grad) 20 Minuten backen.

2. Die Butter schmelzen. Apfelspalten und die Zwiebelwürfel darin andünsten, mit Kardamom, Kreuzkümmel, Meersalz und Pfeffer würzen.

3. Den Vacherinkäse mit den Äpfeln und dem Baguette servieren.

Spitzkohlsalat mit Birnen, Walnüssen und Parmesan

400 g Spitzkohl, Strunk entfernt,
in feine Streifen geschnitten
½ TL Salz
20 g frischer Ingwer, fein gerieben
2 EL Apfelessig
4 EL Birnensaft
schwarzer Pfeffer aus der Mühle
1 TL Honig
3 EL Kürbiskernöl
3 Birnen, geschält, entkernt, fein gewürfelt

100 g Walnüsse, grob gehackt
80 g Parmesankäse, grob gerieben

Zubereitungszeit: 40 Minuten
(ohne Marinierzeit)

1. Den Spitzkohl mit dem Salz gut verkneten. Ingwer, Apfelessig, Birnensaft, etwas Salz, Pfeffer, Honig und Öl mit einem Schneebesen verrühren. Die Birnenwürfel und den Spitzkohl gut mit dem Dressing verrühren und 1 Stunde marinieren.

2. Die Walnüsse und den Parmesan nach dem Ende der Marinierzeit hinzufügen.

Dazu passt Schüttelbrot.

Crostini mit Schwarzwurzeln, Bündnerfleisch und Zwiebel-Relish

‹ Crostini mit Schwarzwurzeln, Bündnerfleisch und Zwiebel-Relish

Zwiebel-Relish
4 EL Olivenöl
3 Zwiebeln, fein gewürfelt
150 ml Rotwein
2 EL Zitronensaft
½ TL Senfsamen
2 EL Rotweinessig
2 EL Agavendicksaft
Salz | Pfeffer aus der Mühle

500 g Schwarzwurzeln
3 EL Weißweinessig
1 Ciabatta oder Baguette
80 g Bündnerfleisch,
in hauchdünne Scheiben geschnitten

Zubereitungszeit: 45 Minuten

1. Für das Zwiebel-Relish 2 EL Öl in einem Topf erhitzen und die Zwiebeln darin andünsten. Rotwein, Zitronensaft, Senfsamen, Rotweinessig, Agavendicksaft, Salz und Pfeffer hinzufügen und 15 Minuten zugedeckt kochen lassen.

2. Die Schwarzwurzeln quer halbieren und schälen (dabei am besten Handschuhe tragen, da die Hände sonst schwarz werden). Sofort in einen Topf Wasser geben, welches mit Essig und 1 TL Salz vermischt wurde. Zugedeckt 15 Minuten garen.

3. Das Brot in dünne Scheiben schneiden, mit 2 EL Olivenöl beträufeln und unter dem Grill des Backofens 3–5 Minuten rösten.

4. Die Schwarzwurzeln abgießen und in dünne Streifen schneiden. Mit Bündnerfleisch und Zwiebel-Relish auf den Brotscheiben verteilen.

Salat aus gebratenen Roten Beten, Chicorée und Blutorangen

750 g Rote Beten (Randen)
100 g Kürbiskerne, grob gehackt
2 Blutorangen
3 EL Kürbiskernöl
300 g Chicorée, in Streifen geschnitten
3 EL Weißweinessig
1 EL Honig
grobes Meersalz (Fleur de Sel)
schwarzer Pfeffer aus der Mühle
1 TL gemahlener Kreuzkümmel

Zubereitungszeit: 50 Minuten

1. Die Rote Bete im Ganzen in Salzwasser zugedeckt 30 Minuten kochen lassen.

2. Inzwischen die Kürbiskerne in einer Pfanne ohne Fett 3 Minuten rösten. Die Blutorangen filetieren und den Saft aus den verbleibenden Häuten auspressen.

3. Die Rote Bete schälen und in Spalten schneiden. Das Kürbiskernöl in einer beschichteten Pfanne erhitzen. Rote Bete und den Chicorée darin anbraten. Mit Essig, Honig, Salz, Pfeffer und Kreuzkümmel abschmecken. Die Kürbiskerne und die Blutorangenfilets samt Saft hinzufügen.

Dazu passt ein Vollkorn-Nussbrot.

Feldsalat mit Polenta, Biervinaigrette und Tomatenwürfeln

Polenta
100 ml Gemüsebrühe
100 ml Milch
Salz | schwarzer Pfeffer aus der Mühle
75 g grober Maisgrieß (Polenta)
1 Eigelb
20 g Parmesan, frisch gerieben

Biervinaigrette
5 EL Olivenöl
50 g Schalotten, fein gewürfelt
100 g Kürbis, geschält, fein gewürfelt
80 g getrocknete Tomaten, fein gewürfelt
150 ml Bier
1 EL Honig
2 EL Balsamicoessig

400 g Feldsalat, gewaschen, gut abgetropft

Zubereitungszeit: 35 Minuten

1. Gemüsebrühe, Milch, Salz und Pfeffer aufkochen. Den Maisgrieß einrühren und bei schwacher Hitze 2 Minuten unter Rühren garen. Eigelb und Parmesan darunterrühren. Eine Form mit Frischhaltefolie auslegen, die Masse darin verteilen und glatt streichen. Auskühlen lassen.

2. Für die Vinaigrette in einem Topf 1 EL Öl erhitzen. Schalotte, Kürbis und getrocknete Tomaten darin andünsten, mit dem Bier ablöschen und 3 Minuten zugedeckt kochen lassen. Mit Honig, Balsamico und 3 EL Olivenöl verrühren, mit Salz und Pfeffer würzen und abkühlen lassen.

3. Die Polenta in 2 x 2 cm große Würfel schneiden. In einer beschichteten Pfanne nochmals 2 EL Olivenöl erhitzen und die Polentawürfel darin 5 Minuten auf beiden Seiten anbraten.

4. Den Salat mit der Vinaigrette vermischen und mit der gebratenen Polenta servieren.

Erbspüree mit Shrimps, Zwiebel-Chutney und Chilinüssen

Erbspüree mit Shrimps, Zwiebel-Chutney und Chilinüssen

Chilinüsse
70 g Zucker
1 Chilischote, entkernt, fein gewürfelt
50 g gemischte Nüsse (Haselnüsse, Mandeln, Pekannüsse)

Zwiebel-Chutney
6 EL Olivenöl
3 rote Zwiebeln, fein gewürfelt
150 ml Rotwein
Salz | Pfeffer aus der Mühle
2 EL Zitronensaft
1 Msp. gemahlener Kreuzkümmel (Cumin)

Erbspüree
1 Zwiebel, fein gewürfelt
2 Knoblauchzehen, in dünnen Scheiben
350 g Erbsen, tiefgekühlt
80 ml Weißwein
frisch geriebene Muskatnuss
350 g Shrimps, tiefgekühlt
20 g Ingwer, fein gerieben

Zubereitungszeit: 35 Minuten

1. Den Zucker in einem Topf bei milder Hitze karamellisieren. Etwas abkühlen lassen, dann die Chiliwürfel hinzufügen. Die Nüsse in dem Karamell wenden, auf Backpapier geben und abkühlen lassen. Dann grob hacken.

2. Für das Zwiebel-Chutney 2 EL Öl erhitzen. Die rote Zwiebel darin andünsten, mit dem Rotwein ablöschen und 10 Minuten zugedeckt köcheln lassen. Mit Salz, Pfeffer, Zitronensaft und Kreuzkümmel abschmecken.

3. Für das Erbspüree nochmals 2 EL Olivenöl erhitzen. Die Zwiebel und den Knoblauch darin andünsten, die Erbsen hinzufügen. Mit dem Weißwein ablöschen und 5 Minuten zugedeckt garen. Mit dem Pürierstab oder im Mixer fein pürieren und mit Salz, Pfeffer und Muskatnuss abschmecken.

4. 2 EL Öl erhitzen, die Shrimps mit dem Ingwer 5 Minuten darin braten. Zusammen mit Erbspüree, Zwiebel-Chutney und den gehackten Karamellnüssen anrichten.

Dazu passt Baguette.

Nahrhafte Wärme

SUPPEN ✱ EINTÖPFE

Rotkohleintopf mit Kartoffeln, Steckrüben und gebratenem Tofu

Zwiebel-Kürbis-Suppe mit weihnachtlichen Gewürzen und Parmesan

2 EL Olivenöl
500 g Zwiebeln, in feine Ringe geschnitten
250 g Kürbis, geschält, entkernt, grob gewürfelt
40 g getrocknete, in Öl eingelegte Tomaten, abgetropft, fein gewürfelt
½ TL Lebkuchengewürz
250 ml Weißwein
600 ml Hühnerbrühe
Salz | Pfeffer aus der Mühle
½ TL gemahlener Kreuzkümmel
80 g Parmesan, fein gereiben

4 Scheiben Vollkorn-Toastbrot, geröstet

Zubereitungszeit: 35 Minuten

1. Das Öl in einem Topf erhitzen. Zwiebeln, Kürbis und getrocknete Tomaten mit dem Lebkuchengewürz darin glasig dünsten. Mit Weißwein und Hühnerbrühe ablöschen und zugedeckt bei mittlerer Hitze 15 Minuten köcheln lassen. Mit Salz, Pfeffer und Kreuzkümmel würzen.

2. Die Zwiebelsuppe auf vier Teller verteilen und den Käse darüberstreuen. Mit dem Toastbrot servieren.

‹ Rotkohleintopf mit Kartoffeln, Steckrüben und gebratenem Tofu

3 EL geklärte Butter (Ghee)
500 g Rotkohl, Strunk entfernt, in mundgerechte Streifen geschnitten
200 g Steckrüben, geschält, fein gewürfelt
250 g Kartoffen, geschält, fein gewürfelt
150 g Zwiebeln, fein gewürfelt
3 Lorbeerblätter, eingerissen
3 Wacholderbeeren, grob zerstoßen
1 TL gemahlener Kümmel
200 ml Rotwein
1 l Gemüsebrühe
200 g Tofu, fein gewürfelt
3 Zweige Thymian, fein gehackt, oder 2 EL getrockneter Thymian
2 EL Rotweinessig
Salz | Pfeffer aus der Mühle
80 g Sonnenblumenkerne

Zubereitungszeit: 35 Minuten

1. 2 EL Butter in einem Topf erhitzen. Rotkohl, Steckrüben, Kartoffeln und Zwiebeln darin unter Rühren bei mittlerer Hitze anbraten. Lorbeerblätter, Wacholderbeeren, Kümmel, Rotwein und Gemüsebrühe dazugeben, zugedeckt aufkochen und dann bei milder Hitze zugedeckt 40 Minuten kochen lassen.

2. Nochmals 1 EL Butter erhitzen, Tofu und Thymian darin 5 Minuten braten.

3. Den Rotkohleintopf mit Rotweinessig, Salz und Pfeffer abschmecken, Tofu und Sonnenblumenkerne hinzufügen.

Wintergemüse-Eintopf mit Speck und geriebenen Nudeln

50 g getrocknete Steinpilze
2 EL geklärte Butter (Ghee)
200 g Kürbis, geschält, entkernt, in 1 cm große Würfel geschnitten
200 g Sellerie, geschält, in 1 cm große Würfel geschnitten
200 g Pastinaken, geschält, in 1 cm große Würfel geschnitten
200 g Rote Bete (Rande), geschält, in 1 cm große Würfel geschnitten
3 Zwiebeln, fein gewürfelt
2 Knoblauchzehen, fein gehackt
2 Zweige Rosmarin, Blätter abgezupft, fein gehackt
100 g Speck, fein gewürfelt
350 ml Gemüsebrühe
200 ml Bier
Salz | Pfeffer aus der Mühle
1 TL gemahlener Kümmel

Geriebene Nudeln
1 Ei
50 g Mehl (Type 505)
50 g Hartweizengrieß

Zubereitungszeit: 45 Minuten

1. Die Steinpilze über Nacht in 1 l Wasser einweichen. Die Steinpilze herausheben und fein hacken, das Einweichwasser aufbewahren.

2. Die Butter in einem Topf erhitzen. Kürbis, Sellerie, Pastinaken, Rote Bete, Zwiebeln, Knoblauch, Rosmarin, Steinpilze, Steinpilzfond und Speck in der Butter andünsten. Mit Gemüsebrühe und Bier ablöschen. Mit Salz, Pfeffer und Kümmel würzen. Zugedeckt 25 Minuten kochen lassen.

3. Inzwischen Ei, Mehl, Grieß und ¼ Teelöffel Salz mit den Knethaken des Handrührgeräts zu einem glatten Teig verarbeiten. Nach Ende der Garzeit den Nudelteig mit einer groben Reibe zum Eintopf reiben und 5 Minuten mitgaren.

Dazu passt Bauernbrot.

Grünkohleintopf
mit Quitten, Speck und Karotten

600 g Grünkohl, geputzt, mehrmals gewaschen
Salz
3 EL Sonnenblumenöl
250 g rote Zwiebeln, in feine Ringe geschnitten
2 Quitten, geschält, entkernt, fein gewürfelt
250 g Karotten, geschält, fein gewürfelt
100 g Speck in Scheiben,
davon 80 g fein gewürfelt
1 Zweig Rosmarin, fein gehackt
oder 1 EL getrockneter Rosmarin
1 l Hühnerbrühe
schwarzer Pfeffer aus der Mühle
3 EL Zitronensaft

Zubereitungszeit: 45 Minuten

1. Den Grünkohl in kochendem Salzwasser 10 Minuten garen.

2. Das Öl in einem Topf erhitzen. Zwiebeln, Quitten, Karotten, Speckwürfel und Rosmarin darin andünsten. Mit der Hühnerbrühe ablöschen und zugedeckt bei mittlerer Hitze 10 Minuten kochen lassen. Mit Salz, Pfeffer und Zitronensaft würzen.

3. Den Grünkohl abgießen, kalt abschrecken, fein hacken und zur Suppe hinzufügen. Weitere 15 Minuten kochen lassen.

4. Die restlichen ganzen Speckscheiben in einer Pfanne ohne Fett von jeder Seite 2 Minuten braten. Auf die angerichtete Suppe geben.

Dazu passt Fladenbrot.

Rote-Bete-Meerrettich-Suppe mit Oregano und Räucherlachs

2 EL Kürbiskernöl
600 g Rote Beten (Randen), geschält, grob gewürfelt
250 g Kartoffeln, geschält, grob gewürfelt
2 Zwiebeln, fein gewürfelt
1 EL getrockneter Oregano
800 ml Gemüsebrühe
200 ml Birnensaft
200 ml Schlagsahne
Salz | weißer Pfeffer aus der Mühle
80 g Räucherlachs, gewürfelt
20 g Meerrettich, geschält, fein gerieben

Zubereitungszeit: 40 Minuten

1. Das Kürbiskernöl in einem Topf erhitzen. Rote Beten, Kartoffeln, Zwiebeln und Oregano darin andünsten. Brühe, Birnensaft, Sahne, Salz und Pfeffer hinzufügen und zugedeckt bei mittlerer Hitze 25 Minuten kochen lassen.

2. Die Suppe mit dem Pürierstab oder im Mixer fein pürieren. Räucherlachs und Meerrettich hinzufügen und noch einmal kurz aufkochen lassen.

Dazu passt ein Nussbrot.

Rote-Bete-Meerrettich-Suppe mit Oregano und Räucherlachs

Holundersuppe mit glasiertem Rosenkohl und Parmesanwaffeln

‹ Holundersuppe mit glasiertem Rosenkohl und Parmesanwaffeln

2 EL Olivenöl
2 Zwiebeln, fein gewürfelt
1 Knoblauchzehe, fein gehackt
2 Zweige Rosmarin, fein gehackt
250 g Kartoffeln, geschält, fein gewürfelt
500 g Rosenkohl, geputzt, halbiert
600 ml Hühnerbrühe
400 ml Holundersaft
200 ml Schlagsahne
Salz
1 EL Trüffelbutter, ersatzweise normale Butter
schwarzer Pfeffer aus der Mühle
1 EL Honig
2–3 EL Zitronensaft
frisch geriebene Muskatnuss

Parmesanwaffeln
1 EL Mehl
1 EL gemahlene Mandeln
100 g Parmesan, fein gerieben

Zubereitungszeit: 35 Minuten

1. Das Öl erhitzen, Zwiebeln, Knoblauch und Rosmarin darin andünsten. Die Kartoffeln und 300 g Rosenkohl hinzufügen. Mit Hühnerbrühe, Holundersaft und Sahne aufgießen. Zugedeckt bei mittlerer Hitze etwa 25 Minuten köcheln lassen.

2. Den restlichen Rosenkohl (200 g) in kochendem Salzwasser 10 Minuten garen. Abgießen und in der Trüffelbutter schwenken.

3. Inzwischen für die Parmesanwaffeln Mehl, Mandeln und Parmesan mischen. In 4 Portionen teilen und diese in einer Pfanne ohne Fett von jeder Seite 1 Minute zu Parmesanwaffeln ausbacken.

4. Die Suppe mit dem Pürierstab oder im Mixer fein pürieren. Mit Salz, Pfeffer, Honig und Zitronensaft abschmecken.

5. Die Suppe anrichten, mit frisch geriebener Muskatnuss bestreuen und mit den Parmesanwaffeln servieren.

Fencheleintopf mit getrockneten Tomaten, Räucherfisch und Orangen-Rouille

3 EL Öl
1 kleines Bund Suppengemüse (Karotte, Lauch, Sellerie), geschält, fein gewürfelt
200 g Gemüsezwiebel, grob gewürfelt
1 TL gemahlener Kreuzkümmel
1 TL Fenchelsamen
3 Knoblauchzehen, fein gehackt
1 TL gemahlener Kurkuma
900 g Fenchelknollen, längs halbiert, in 1 cm große Würfel geschnitten
800 ml Gemüsebrühe
200 ml Weißwein
150 g Light-Mayonnaise
1 unbehandelte Orange, fein abgeriebene Schale und Saft
Salz | schwarzer Pfeffer aus der Mühle
3 EL Zitronensaft
Cayennepfeffer
100 g getrocknete Tomaten, in dünne Streifen geschnitten
200 g Räucherfisch (z. B. Lachs oder Makrele), in mundgerechte Stücke zerteilt

Zubereitungszeit: 45 Minuten

1. Das Öl in einem großen Topf erhitzen. Suppengemüse, Zwiebel, Kreuzkümmel, Fenchelsamen, die Hälfte des Knoblauchs und den Kurkuma darin andünsten. Den Fenchel hinzugeben und weitere 3 Minuten dünsten. Mit Gemüsebrühe und Weißwein auffüllen und zugedeckt bei mittlerer Hitze 25 Minuten kochen lassen.

2. Inzwischen die Mayonnaise mit dem restlichen Knoblauch, Orangenschale und -saft, Salz und Pfeffer verrühren.

3. Den Fencheleintopf mit Salz, Pfeffer, Zitronensaft und Cayennepfeffer würzen. Kurz vor Ende der Garzeit die getrockneten Tomaten und den Räucherfisch hinzufügen. Den Eintopf mit der Orangen-Rouille und Baguette servieren.

Steckrübensuppe mit Pinienkernen, Orangen und Salbei

Steckrübensuppe
mit Pinienkernen, Orangen und Salbei

3 unbehandelte Orangen
5 EL Olivenöl
2 Zwiebeln, fein gewürfelt
500 g Steckrüben, geschält, grob gewürfelt
250 g Kartoffeln, geschält, grob gewürfelt
8 Salbeiblätter, 3 davon fein gehackt
1 l Gemüsebrühe
2 EL Pinienkerne
grobes Meersalz
Pfeffer aus der Mühle
frisch geriebene Muskatnuss

Zubereitungszeit: 40 Minuten

1. Die Schale einer halben Orange fein abreiben, den Saft der 3 Orangen auspressen.

2. 3 EL Olivenöl in einem Topf erhitzen, Zwiebeln, Steckrüben, Kartoffeln und die fein gehackten Salbeiblätter darin andünsten. Mit Gemüsebrühe und Orangensaft ablöschen. Bei mittlerer Hitze zugedeckt 15 Minuten köcheln lassen.

3. In einer Pfanne 2 EL Olivenöl erhitzen, die restlichen 5 Salbeiblätter darin anbraten, die Pinienkerne hinzufügen und mit etwas Meersalz würzen.

4. Die Suppe mit dem Pürierstab oder im Mixer fein pürieren. Mit Salz, Pfeffer und Muskatnuss abschmecken. Mit den gebratenen Salbeiblättern und Pinienkernen bestreut servieren.

Dazu passt Roggenbrot.

Topinambursuppe
mit Kürbiskernöl und Maroni

2 EL geklärte Butter (Ghee)
100 g Schalotten, fein gewürfelt
500 g Topinambur, geschält, grob zerteilt
100 g Kartoffel, geschält, grob gewürfelt
600 ml Gemüsebrühe
200 ml Schlagsahne
200 ml Apfelsaft
Salz | Pfeffer aus der Mühle
frisch geriebene Muskatnuss
2 EL Kürbiskernöl
250 g vorgegarte, geschälte Maronen, in Scheiben geschnitten

Zubereitungszeit: 40 Minuten

1. Die Butter in einem Topf erhitzen. Schalotten, Topinambur und Kartoffel darin andünsten. Mit Gemüsebrühe, Sahne und Apfelsaft ablöschen. Zugedeckt 25 Minuten kochen lassen. Dann die Suppe im Mixer fein pürieren und durch ein Sieb passieren. Mit Salz, Pfeffer und Muskatnuss würzen.

2. In einer Pfanne 1 EL Kürbiskernöl erhitzen und die Maronen 3 Minuten darin anbraten.

3. Die Suppe mit den Maronen servieren und mit dem restlichen Kürbiskernöl beträufeln.

WINTERGEMÜSE

‹ Flammkuchen
mit Rotkohl, Salami und Oliven

Teig
10 g frische Hefe (½ Würfel)
1 EL Zucker
350 g Mehl
3 EL Olivenöl
Salz

Belag
150 g Rotkohl, in hauchdünnen Streifen
100 g Salami, in hauchdünnen Scheiben
100 g schwarze Oliven ohne Stein, halbiert
3 Eier
100 ml Schlagsahne
frisch geriebene Muskatnuss
1 TL getrockneter Oregano
Pfeffer aus der Mühle

Zubereitungszeit: 40 Minuten (ohne Backzeit)

1. Die Hefe zerbröckeln und mit 50 ml lauwarmem Wasser und dem Zucker verrühren. 10 Minuten an einem warmen Ort stehen lassen, sodass die Hefe zu gehen beginnt. Das Mehl mit dem Olivenöl, der angerührten Hefe, 100 ml Wasser und Salz vermischen. Mit den Knethaken der Küchenmaschine oder des Handrührgeräts zu einem glatten Teig verarbeiten. Mit einem Tuch abgedeckt etwa 30 Minuten gehen lassen.

2. Den Rotkohl in kochendem Salzwasser 5 Minuten garen. Abgießen und abkühlen lassen.

3. Den Teig auf der bemehlten Arbeitsfläche ausrollen, auf ein mit Backpapier belegtes Blech legen. Mit Rotkohl, Salami und Oliven belegen.

4. Eier, Sahne, Salz, Muskatnuss, Oregano und Pfeffer mit dem Schneebesen verrühren und über den Flammkuchen verteilen. Im vorgeheizten Backofen bei 180 Grad (Umluft 160 Grad) 30 Minuten backen.

Pastinaken-Kartoffel-Rösti
mit gebratenem Endiviensalat

Rösti
350 g Pastinaken, geschält
600 g Kartoffeln, geschält
Salz | Pfeffer aus der Mühle
frisch geriebene Muskatnuss
½ TL gemahlener Kümmel
2 EL Weizenmehl (Type 405)
2 EL Olivenöl

2 EL Olivenöl
200 g Endiviensalat, gewaschen, in mundgerechte Stücke zerteilt
1 Schalotte, fein gewürfelt
2 Knoblauchzehen, fein gehackt
100 g getrocknete in Öl eingelegte Tomaten, gut abgetropft, in Streifen geschnitten

Zubereitungszeit: 45 Minuten

1. Die Pastinaken und die Kartoffeln grob reiben. Mit Salz, Pfeffer, Muskatnuss, Kümmel und Mehl vermischen. Noch darin enthaltene Flüssigkeit gut ausdrücken und abgießen.

2. In einer großen beschichteten Pfanne das Öl erhitzen. Die Kartoffelmischung in 4 Portionen teilen und bei mittlerer Hitze von jeder Seite 4 Minuten braten.

3. In einer zweiten Pfanne nochmals 2 EL Öl erhitzen. Endiviensalat, Schalotte und Knoblauch darin kurz anbraten. Die getrockneten Tomaten hinzufügen. Mit Salz, Pfeffer und Muskatnuss würzen. Mit der Rösti servieren.

Pastinaken-Kartoffel-Rösti mit gebratenem Endiviensalat

Kartoffelplätzchen mit Sellerie, Salbei und Parmesan

Spätzle
mit Kürbis, Mohn und Manchego

Spätzleteig
350 g Mehl (Type 550)
6 Eier
½ TL Salz
1 Msp. frisch geriebene Muskatnuss

3 EL Olivenöl
2 Zwiebeln, fein gewürfelt
1 Knoblauchzehe, fein gehackt
100 g Speck, fein gewürfelt
400 g Kürbis, geschält, fein gewürfelt
Pfeffer aus der Mühle

20 g Butter
1 EL gemahlener Mohn
150 g Manchegokäse, klein gewürfelt

Zubereitungszeit: 25 Minuten

1. Für den Spätzleteig Mehl, Eier, Salz und Muskatnuss mit den Knethaken der Küchenmaschine oder des Handrührgeräts so lange schlagen, bis der Teig Blasen wirft. Mit einem Tuch abgedeckt 15 Minuten ruhen lassen.

2. Das Öl in einem Topf erhitzen, Zwiebeln, Knoblauch, Speck und Kürbis darin 6–8 Minuten braten. Mit Salz, Pfeffer und Muskatnuss würzen. Zugedeckt bereithalten.

3. Die Butter erhitzen, den Mohn darin kurz rösten und beiseite stellen. Eine Auflaufform fetten.

4. Den Spätzleteig mit einer Spätzle- oder Kartoffelpresse in kochendes Salzwasser drücken. Sobald die Spätzle obenauf schwimmen, mit einer Schaumkelle herausheben und in die Auflaufform füllen. Mit der Kürbismischung vermengen, mit dem Mohn bestreuen und den Käse darauf verteilen. Im Ofen unter dem Backofengrill 5 Minuten überbacken.

‹ Kartoffelplätzchen
mit Sellerie, Salbei und Parmesan

750 g Sellerie, geschält, grob gewürfelt
500 g Kartoffeln, geschält, grob gewürfelt
Salz
3 Eigelb
150 g Weichweizengrieß
1 Bund Petersilie, fein gehackt,
ersatzweise 1 EL getrocknete Petersilie
10 Salbeiblätter, fein gehackt,
ersatzweise 1 EL getrockneter Salbei
Pfeffer aus der Mühle
1 Msp. frisch geriebene Muskatnuss

4 EL Olivenöl
50 g Parmesan, fein gerieben

**Zubereitungszeit: 45 Minuten
(ohne Ruhezeit)**

1. Den Sellerie und die Kartoffeln in Salzwasser 15 Minuten garen. Abgießen und ausdampfen lassen, dann durch eine Kartoffelpresse drücken. Eigelbe, Grieß, Petersilie, die Hälfte des Salbeis, Salz, Pfeffer und Muskatnuss daruntermischen und den Teig 30 Minuten ausquellen lassen.

2. Die Handflächen in etwas Grieß drücken und den Kartoffelteig zu dicken, handtellergroßen Fladen formen. In einer großen beschichteten Pfanne 3 EL Öl erhitzen und die Teigfladen von jeder Seite 4 Minuten braten. Kurz vor Ende der Garzeit die restlichen Salbeiblätter (5 Blätter, gehackt) hinzufügen.

3. Mit dem Parmesan bestreuen und mit 1 EL Olivenöl beträufeln.

Dazu passt Endiviensalat.

Schupfnudeln mit Sauerkraut, Pancetta und Äpfeln

‹ Schupfnudeln mit Sauerkraut, Pancetta und Äpfeln

Schupfnudeln
500 g Kartoffeln, am Vortag gekocht, geschält
20 g Weichweizengrieß
50 g Mehl (Type 405)
1 Eigelb
Salz
1 Msp. frisch geriebene Muskatnuss

250 g Sauerkraut
150 ml Apfelsaft
1 EL Honig
½ TL Kümmel, ganz
Pfeffer aus der Mühle

5 EL Olivenöl
10 Salbeiblätter
30 g Pancetta (Frühstücksspeck), ersatzweise Schinken
2 Äpfel, in Spalten geschnitten
2 EL Zitronensaft

Zubereitungszeit: 50 Minuten

1. Für die Schupfnudeln die Kartoffeln durch eine Kartoffelpresse drücken. Mit Grieß, Mehl, Eigelb, Salz und Muskatnuss in eine Schüssel geben und mit den Knethaken der Küchenmaschine oder des Handrührgeräts zu einem glatten Teig verarbeiten. 20 Minuten ruhen lassen.

2. Inzwischen in einem Topf das Sauerkraut mit Apfelsaft, Honig, Kümmel und Pfeffer bei milder Hitze zugedeckt 20 Minuten kochen lassen.

3. Den Kartoffelteig auf der bemehlten Arbeitsfläche zu fingerdicken Rollen formen und diese in 2 cm lange Stücke schneiden. Mit bemehlten Händen zu länglichen Schupfnudeln formen. In kochendes Salzwasser geben, bis die Schupfnudeln obenauf schwimmen. Herausheben und in kaltem Wasser abschrecken.

4. In einer beschichteten Pfanne 2 EL Öl erhitzen. Salbei, Speck und Apfelspalten darin 3 Minuten braten. Mit dem Zitronensaft beträufeln.

5. In einer zweiten Pfanne nochmals 3 EL Öl erhitzen und die Schupfnudeln darin anbraten. Mit Salz und Pfeffer würzen.

6. Die Schupfnudeln mit dem Sauerkraut und der Speck-Apfel-Mischung vermengen.

Rote Bete mit Selleriefüllung
Sellerie mit Rote-Bete-Füllung

2 kleine Rote Beten (Randen) von jeweils 300 g
2 kleine Sellerieknollen von jeweils 300 g
Salz
120 g Ricotta
2 Knoblauchzehen, fein gehackt
100 g gemahlene Haselnüsse
Pfeffer aus der Mühle
100 g Parmesan, grob gerieben
3 EL Olivenöl

Walnusssauce
30 g Walnüsse, grob gehackt
2 EL Olivenöl
2 EL Honig
2 EL Weißwein- oder Holunderblütenessig
2 Stangen Staudensellerie, fein gewürfelt

Zubereitungszeit: 50 Minuten

1. Die Roten Beten und die Sellerieknollen ungeschält in kochendem Salzwasser zugedeckt 30 Minuten kochen lassen. Abgießen, abkühlen lassen, mit einem Messer schälen und aushöhlen. Das ausgelöste Fruchtfleisch der Roten Beten und des Selleries getrennt jeweils mit der Hälfte des Ricottas, 1 Knoblauchzehe, der Hälfte der Haselnüsse, Salz und Pfeffer mixen.

2. Die ausgehöhlten Sellerieknollen mit dem Rote-Bete-Püree füllen, die Roten Beten mit dem Selleriepüree. Mit Parmesan bestreuen. In eine feuerfeste Form das Olivenöl geben, die gefüllten Sellerieknollen und Roten Beten hineinsetzen und im vorgeheizten Backofen bei 190 Grad (Umluft 170 Grad) 15 Minuten überbacken.

3. Für die Walnusssauce alle Zutaten gut verrühren, mit Salz und Pfeffer würzen.

4. Das überbackene Gemüse aus dem Ofen nehmen und mit der Walnusssauce servieren.

Weißkohlröllchen mit Ricotta-Kapern-Füllung

Weißkohlröllchen mit Ricotta-Kapern-Füllung

1 junger Weißkohl
Salz

Füllung
250 g Ricotta
3 Knoblauchzehen, fein gehackt
100 g getrocknete Tomaten, fein gehackt
100 g Kapern, grob gehackt
75 g gemahlene Mandeln
20 g Semmelbrösel
weißer Pfeffer aus der Mühle
frisch geriebene Muskatnuss

3 EL Olivenöl
50 g Haselnüsse, fein gehackt
2 EL getrockneter Thymian

Zubereitungszeit: 40 Minuten

1. Vom Weißkohl die Blätter ablösen, den Strunk herausschneiden. Die Kohlblätter in kochendem Salzwasser zugedeckt 15 Minuten garen. Abgießen und kalt abschrecken.

2. Für die Füllung den Ricotta mit der Hälfte des Knoblauchs, den getrockneten Tomaten, Kapern, Mandeln und Semmelbröseln vermischen. Mit Salz, Pfeffer und Muskatnuss würzen.

3. Die Weißkohlblätter längs halbieren, die Mittelrippe herausschneiden. Je 2 Weißkohlblätter übereinander legen, jeweils 2 EL Füllung in die Mitte geben, einrollen und mit einem Holzspießchen verschließen.

4. Das Olivenöl erhitzen und die Röllchen darin rundherum 8 Minuten braten. Kurz vor Ende der Garzeit die Nüsse, den Thymian und den restlichen Knoblauch hinzufügen.

Farfalle mit Grünkohl, getrockneten Tomaten und Kürbiskernen

300 g Grünkohl, gründlich gewaschen oder ersatzweise 300 g Tiefkühlspinat
Salz
100 g getrocknete Tomaten
500 g Farfalle oder andere Teigwaren
70 g Kürbiskerne
4 EL Olivenöl
2 Zwiebeln, fein gewürfelt
2 Knoblauchzehen, fein gewürfelt
frisch geriebene Muskatnuss
60 g Bergkäse, fein gerieben

Zubereitungszeit: 35 Minuten

1. Den Grünkohl in kochendem Salzwasser 10 Minuten garen, abgießen, kalt abschrecken und fein hacken. Die getrockneten Tomaten in heißem Wasser etwa 15 Minuten einweichen, abgießen und in Streifen schneiden.

2. Die Teigwaren in kochendem Salzwasser 6–8 Minuten bissfest garen.

3. Die Kürbiskerne in einer Pfanne ohne Fett rösten.

4. Das Öl in einer zweiten Pfanne erhitzen, Grünkohl, Zwiebeln, Knoblauch und die Tomaten darin 5 Minuten andünsten. Die Nudeln und die Kürbiskerne hinzufügen. Mit Salz, Pfeffer und Muskatnuss würzen. Den Bergkäse darüberstreuen und servieren.

Gewürzfenchel mit Crème fraîche und Fenchelsamenbrot

Gewürzfenchel mit Crème fraîche und Fenchelsamenbrot

Fenchelsamenbrot
200 g Weizenvollkornmehl
150 g Kichererbsenmehl
Salz
1 TL Zucker
½ Würfel Hefe (20 g)
1 TL gemahlener Piment
1 EL Bockshornklee, gemahlen
1 TL Kreuzkümmel, gemahlen
2 EL Fenchelsamen, ganz
4 EL Olivenöl für den Teig
2 EL Olivenöl zum Bestreichen
1 EL grobes Meersalz zum Bestreuen

Gewürzfenchel
2 EL Olivenöl
3 Fenchelknollen, in dünne Scheiben geschnitten
2 Knoblauchzehen, in dünne Scheiben geschnitten
2 Zwiebeln, in dünne Ringe geschnitten
250 ml Gemüsebrühe
200 ml Weißwein
Pfeffer aus der Mühle
1 Msp. frisch geriebene Muskatnuss
2 Sternanis, ganz
1 unbehandelte Zitrone, fein abgeriebene Schale und Saft
80 g getrocknete in Öl eingelegte Tomaten, abgetropft, in Streifen geschnitten

100 g Crème fraîche

Zubereitungszeit: 50 Minuten

1. Für das Brot Mehl, Kichererbsenmehl und Salz in eine Schüssel geben. Eine Mulde bilden und in diese 3 EL lauwarmes Wasser und den Zucker geben, die Hefe zerbröseln und daruntermischen. An einem warmen Ort abgedeckt 10 Minuten gehen lassen. Dann Piment, Bockshornklee, Kreuzkümmel, 1 EL Fenchelsamen, 150 ml Wasser und 4 EL Olivenöl dazugeben und alles zu einem glatten Teig verarbeiten. Abgedeckt an einem warmen Ort 20 Minuten gehen lassen.

2. Inzwischen in einem Topf 2 EL Olivenöl erhitzen und darin Fenchel, Knoblauch und Zwiebeln andünsten. Mit Brühe und Weißwein ablöschen. Mit Salz, Pfeffer, Muskatnuss und Sternanis würzen. Bei mittlerer Hitze zugedeckt 15 Minuten köcheln lassen. Kurz vor Ende der Garzeit Zitronenschale, Zitronensaft und die getrockneten Tomaten hinzufügen.

3. Den Teig vierteln, auf der bemehlten Arbeitsfläche dünn ausrollen, mit 2 EL Olivenöl bestreichen, mit den restlichen Fenchelsamen und dem Meersalz bestreuen. Im vorgeheizten Backofen bei 180 Grad (Umluft 160 Grad) 10 Minuten backen. Noch warm mit dem Gemüse und der Crème fraîche servieren.

Petersilienwurzelravioli mit Zitronenöl und Trüffel

‹ Petersilienwurzelravioli mit Zitronenöl und Trüffel

Füllung
1 unbehandelte Zitrone, abgeriebene Schale
5 EL Olivenöl
10 g Trüffel, gehobelt
½ TL grobes Meersalz (Fleur de Sel)
300 g Petersilienwurzeln, geschält, grob gewürfelt
250 g Kartoffeln, geschält, grob gewürfelt
1 Eigelb
50 g Hartweizengrieß
Salz | Pfeffer aus der Mühle

Teig
150 g Hartweizengrieß
100 g Mehl
2 Eier
2 EL Olivenöl
Salz

1 Eigelb, verklopft, zum Bestreichen
70 g Parmesan, fein gerieben
10 g Trüffel zum Darüberhobeln

**Zubereitungszeit: 1 Stunde
(ohne Kühl- und Ruhezeit)**

1. Für die Füllung Zitronenschale, Olivenöl, Trüffel und Meersalz verrühren und am besten über Nacht im Kühlschrank ziehen lassen.

2. Für den Teig Grieß, Mehl, Eier, Olivenöl und Salz mit den Knethaken der Küchenmaschine oder des Handrührgeräts kneten. Den Teig in Frischhaltefolie wickeln und etwa 30 Minuten ruhen lassen.

3. Die Petersilienwurzeln und die Kartoffeln in kochendem Salzwasser 20 Minuten garen. Abgießen, mit dem Pürierstab oder im Mixer fein pürieren und etwas abkühlen lassen. Eigelb, Grieß, Salz, Pfeffer und 1 EL der Zitronen-Trüffel-Mischung hinzufügen und gut mischen.

4. Den Nudelteig vierteln und nacheinander auf der bemehlten Arbeitsfläche mit einem Nudelholz dünn ausrollen. Die eine Hälfte des Teigs jeweils mit der Kartoffelmasse bestreichen, dabei einen kleinen Rand lassen. Die Teigränder mit Eigelb bestreichen, den Teig über die Füllung schlagen und mit den Zinken einer Gabel am Rand gut festdrücken. Auf diese Weise 4 grosse Ravioli herstellen.

5. Die Ravioli in kochendem Salzwasser 5 Minuten garen, herausheben und mit der restlichen Zitronen-Trüffel-Mischung vermengen. Trüffel darüberhobeln und mit Parmesan bestreut servieren.

Laugenknödel
mit Zwiebel-Wirsing-Gemüse

2 EL geklärte Butter (Ghee)
100 g Schalotten, fein gewürfelt
300 ml Milch
Salz
frisch geriebene Muskatnuss
650 g Laugenbrötchen vom Vortag, fein gewürfelt
1 Bund Petersilie, fein gehackt
3 Eier
50 g Semmelbrösel

Wirsinggemüse
1 EL geklärte Butter (Ghee)
500 g Wirsing, in feine Streifen geschnitten
3 Zwiebeln, in feine Spalten geschnitten
100 g Speck, fein gewürfelt
300 ml Gemüsebrühe
schwarzer Pfeffer aus der Mühle
80 g Crème fraîche

Zubereitungszeit: 50 Minuten

1. Die Butter in einer Pfanne schmelzen, die Schalotten darin 2 Minuten andünsten. Die Milch hinzufügen und mit Salz und Muskat würzen. Brotwürfel, Petersilie, Eier und 40 g Semmelbrösel gut daruntermischen. Mit einem Tuch abgedeckt 30 Minuten ausquellen lassen.

2. Inzwischen für das Gemüse die Butter erhitzen, Wirsing, Zwiebeln und Speck darin andünsten. Mit der Brühe ablöschen und zugedeckt 15 Minuten kochen lassen. Mit Salz, Pfeffer und Muskatnuss würzen und mit der Crème fraîche verfeinern.

3. Aus dem Knödelteig mit angefeuchteten Händen 8 Knödel formen, diese in kochendem Salzwasser bei milder Hitze 12–15 Minuten ziehen lassen. Herausheben und mit dem Wirsinggemüse servieren.

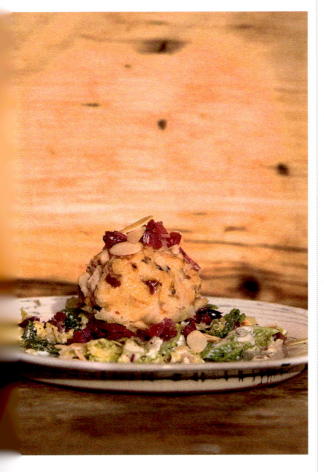

Blumenkohl
mit Kürbiskernen, Schalotte und Oregano

1 kg Blumenkohl, in Röschen zerteilt
Salz
4 EL Kürbiskernöl
50 g Schalotten, in feine Ringe geschnitten
2 Knoblauchzehen, fein gehackt
2 Zweige Oregano, fein gehackt
oder 2 EL getrockneter Oregano
50 g Kürbiskerne
1 EL Kapern, abgetropft
Pfeffer aus der Mühle
frisch geriebene Muskatnuss

Zubereitungszeit: 25 Minuten

1. Den Blumenkohl in kochendem Salzwasser 15 Minuten garen. Abgießen und abtropfen lassen.

2. Das Kürbiskernöl in einer beschichteten Pfanne erhitzen, Schalotte, Knoblauch, Blumenkohl, Oregano und Kürbiskerne darin 3–5 Minuten braten. Die Kapern hinzufügen. Mit Salz, Pfeffer und Muskatnuss würzen.

Dazu passt Feldsalat und frisches Baguette.

Älplermagronen
mit Sellerie, Topinambur und Bergkäse

300 g Makkaroni
Salz
4 EL Olivenöl
300 g Topinambur, geschält, fein gewürfelt
300 g Sellerie, geschält, fein gewürfelt
2 Zwiebeln, in feine Ringe geschnitten
2 Zweige Thymian, Blättchen fein gehackt
200 ml Gemüsebrühe
150 ml Schlagsahne
Pfeffer aus der Mühle
½ TL gemahlener Piment
100 g Bergkäse, fein gerieben
150 g Apfelmus

Zubereitungszeit: 30 Minuten

1. Die Makkaroni in kochendem Salzwasser 10 Minuten bissfest garen.

2. Das Olivenöl in einer beschichteten Pfanne erhitzen. Topinambur, Sellerie, Zwiebeln und Thymian darin 6–8 Minuten braten.

3. Die Makkaroni abgießen, mit dem Gemüse, der Gemüsebrühe und der Sahne vermischen und mit Salz, Pfeffer und Piment abschmecken. Alles in eine gefettete Auflaufform füllen und mit dem Käse bestreuen. Im vorgeheizten Backofen bei 200 Grad unter dem Backofengrill 15 Minuten überbacken.

4. Mit dem Apfelmus servieren.

Dazu passt Endiviensalat.

Wintergemüse-Lasagne

‹ Wintergemüse-Lasagne

250 g Lasagneteigplatten, getrocknet

Béchamelsauce
30 g Butter
30 g Mehl
250 ml Gemüsebrühe
250 ml Milch
Salz | Pfeffer aus der Mühle
frisch geriebene Muskatnuss
2 EL Zitronensaft

Gemüsemischung
4 EL Kürbiskernöl
300 g Sellerie, geschält, grob gewürfelt
300 g Kürbis, geschält, grob gewürfelt
300 g Steckrüben, geschält, grob gewürfelt
100 g vorgegarte, geschälte Maronen, in Scheiben geschnitten
3 Zwiebeln, fein gewürfelt
2 Knoblauchzehen, fein gehackt
1 TL Kreuzkümmel, gemahlen
1 EL getrockneter Thymian

130 g Emmentaler, frisch gerieben

Zubereitungszeit: 50 Minuten

1. Die Lasagneteigplatten in einer Schale mit kaltem Wasser einweichen.

2. Für die Béchamelsauce die Butter erhitzen, das Mehl einrühren. Gemüsebrühe und Milch hinzufügen und die Sauce unter Rühren aufkochen. Mit Salz, Pfeffer, Muskatnuss und Zitronensaft würzen.

3. In einer großen Pfanne das Kürbiskernöl erhitzen und darin das vorbereitete Gemüse, die Maronen, Zwiebeln, Knoblauch und Kreuzkümmel 5 Minuten anbraten. Mit Salz, Pfeffer, Thymian und Muskatnuss würzen.

4. Die Lasagneteigplatten gut abtropfen lassen. In eine feuerfeste Form abwechselnd Teigplatten, Gemüse, Béchamelsauce und Käse einschichten. Mit einer Nudelteigplatte abschließen und diese mit etwas Sauce überziehen und mit Käse bestreuen. Im vorgeheizten Backofen bei 180 Grad (Umluft 160 Grad) 25 Minuten backen. Heiß servieren.

Blumenkohl
mit Oliven, Radicchio, Rosmarin und Avocadobrötchen

Avocadobrötchen
2 weiche Avocados
3 EL Zitronensaft
1 Knoblauchzehe, fein gehackt
1 TL Gomasio (Sesam-Meersalz-Mischung, aus dem Bioladen oder Reformhaus)
gemahlener Pfeffer
1 frisches Baguette oder Ciabattabrot

1,2 kg Blumenkohl, in Röschen geteilt
Salz
4 EL Olivenöl
300 g Radicchio,
in 1 cm breite Streifen geschnitten
1 Zwiebel, fein gewürfelt
1 Zweig Rosmarin, fein gehackt
ersatzweise getrockneter Rosmarin
100 g grüne mit Mandeln gefüllte Oliven, halbiert
Pfeffer aus der Mühle
2 Wacholderbeeren, fein gehackt
1 Msp. frisch geriebene Muskatnuss

Zubereitungszeit: 25 Minuten

1. Für die Avocadobrötchen die Avocados halbieren, entsteinen und das Fruchtfleisch mit einem Löffel herauslösen. Mit Zitronensaft, Knoblauch, Gomasio und Pfeffer mit dem Pürierstab oder im Mixer fein pürieren. Das Baguette in Scheiben schneiden.

2. Den Blumenkohl in kochendem Salzwasser 10 Minuten garen, abgießen und abtropfen lassen. Das Olivenöl in einer beschichteten Pfanne erhitzen, Radicchio, Zwiebel und Rosmarin darin anbraten. Den Blumenkohl und die Oliven hinzufügen und 5 Minuten mitbraten. Mit Salz, Pfeffer, Wacholderbeeren und Muskatnuss würzen.

3. Die Avocadocreme auf die Baguettescheiben streichen und mit dem Gemüse servieren.

Topinambur aus dem Ofen
mit Mandel-Senf-Creme und Friséesalat

1½ kg Topinambur, geschält
5 EL Olivenöl
1 unbehandelte Zitrone,
abgeriebene Schale und Saft
1 EL getrockneter Oregano
1 TL grobes Meersalz (Fleur de Sel)
Pfeffer aus der Mühle

Mandelcreme
100 g ganze Mandeln, enthäutet
½ Chilischote, entkernt, fein gewürfelt
100 ml Schlagsahne
1 TL grober Senf

Dressing
50 ml Orangensaft
1 TL grober Senf
3 EL Olivenöl
3 EL Weißweinessig
2 TL Honig

300 g Friséesalat, gewaschen, abgetropft

Zubereitungszeit: 55 Minuten

1. Die Topinambur in einer Schüssel mit Öl, Zitronensaft, Zitronenschale, Oregano, Meersalz und Pfeffer vermischen. In eine große Auflaufform verteilen und mit Alufolie abgedeckt im vorgeheizten Backofen bei 200 Grad (Umluft 180 Grad) 45 Minuten backen.

2. Inzwischen für die Mandelcreme Mandeln, Chili, Sahne, Senf, Salz und Pfeffer aufkochen. Mit dem Pürierstab fein pürieren.

3. Für das Dressing alle Zutaten mit dem Schneebesen oder dem Pürierstab gründlich verrühren, mit Salz und Pfeffer würzen. Den Salat mit dem Dressing mischen.

4. Die Topinambur mit der Mandelcreme und dem Friséesalat servieren.

Schwarzwurzeln mit Chicorée und Blutorangen

< Schwarzwurzeln
mit Chicorée und Blutorangen

1,2 kg Schwarzwurzeln
3 EL Weißweinessig
1 TL Mehl
Salz
5 EL Olivenöl
2 rote Zwiebeln, in feine Ringe geschnitten
4 Zapfen Chicorée, in feine Streifen geschnitten
2 Zweige Thymian, Blättchen abgezupft
oder 1 TL getrockneter Thymian
2 Blutorangen, filetiert
Pfeffer aus der Mühle
1 Msp. gemahlener Kümmel
frisch geriebene Muskatnuss
200 g Schafskäse (Feta), grob zerbröselt

Zubereitungszeit: 45 Minuten

1. Die Schwarzwurzeln quer halbieren und schälen (dabei am besten Handschuhe tragen, da die Hände sonst schwarz werden). Sofort in einen Topf Wasser geben, welches mit Essig, Mehl und 1 TL Salz vermischt wurde. Zugedeckt 15 Minuten garen.

2. Inzwischen 3 EL Öl in einer Pfanne erhitzen, die Zwiebelringe 4 Minuten darin anbraten. Dann Chicorée, Thymian und die Orangenfilets hinzufügen. Mit Salz, Pfeffer und Kümmel würzen.

3. Die Schwarzwurzeln abgießen und mit 2 EL Olivenöl vermischen. Mit Salz, Pfeffer und Muskatnuss würzen und die Chicorée-Orangen-Mischung darunterheben. Mit dem Schafskäse bestreuen.

Dazu passt Radicchiosalat und Olivenbrot.

Süßkartoffelpüree
mit Kürbiskernpesto
und gebratenem Chicorée

Kürbiskernpesto
100 g Kürbiskerne
5 EL Kürbiskernöl
2 Knoblauchzehen, grob gehackt
2 EL Apfelessig
1 EL Honig
Salz

Süßkartoffelpüree
1 kg Süßkartoffeln, geschält, grob gewürfelt
150 ml Gemüsebrühe
2 EL Olivenöl
1 unbehandelte Limette,
abgeriebene Schale und Saft
weißer Pfeffer aus der Mühle
frisch geriebene Muskatnuss

5 Zapfen Chicorée, Strunk entfernt
3 EL Olivenöl
1 EL Zucker

Zubereitungszeit: 40 Minuten

1. Für das Kürbiskernpesto die Kürbiskerne in einer Pfanne ohne Fett rösten. Grob hacken, und mit Kürbiskernöl, Knoblauch, Essig, Honig und Salz im Mixer oder Blitzhacker (Cutter) grob pürieren.

2. Die Süßkartoffeln in kochendem Salzwasser 20 Minuten garen, abgießen und mit einem Kartoffelstampfer zerstampfen. Die Gemüsebrühe erwärmen und zusammen mit Olivenöl, Limettensaft und -schale unter das Püree mischen, mit Salz, Pfeffer und Muskatnuss würzen.

3. Den Chicorée längs halbieren. In einer beschichteten Pfanne das Olivenöl und den Zucker erhitzen und die Chicoréehälften darin von beiden Seiten 5 Minuten braten.

4. Das Kartoffelpüree mit Kürbiskernpesto und dem gebratenem Chicorée servieren.

Kürbisgnocchi
mit Pastinakengemüse

Kürbisgnocchi
400 g Kürbis, geschält, entkernt, grob gewürfelt
Meersalz
350 g Weichweizengrieß
2 Eigelb
gemahlener weißer Pfeffer
1 Msp. frisch geriebene Muskatnuss
etwas Mehl zum Ausrollen
20 g Butter

Pastinakengemüse
3 EL Olivenöl
350 g Pastinaken, geschält, 2 cm groß gewürfelt
350 g Sellerie, geschält, 2 cm groß gewürfelt
2 Zwiebeln, längs halbiert,
in Spalten geschnitten
200 ml Gemüsebrühe
100 ml Schlagsahne

Zubereitungszeit: 1 Stunde

1. Den Kürbis in kochendem Salzwasser 15 Minuten garen, abgießen und gut ausdämpfen lassen. Mit Grieß, Eigelben, Salz, Pfeffer und Muskatnuss mischen und mit den Knethaken der Küchenmaschine oder des Handrührgeräts zu einem glatten Teig verarbeiten. 30 Minuten quellen lassen.

2. Für das Gemüse das Olivenöl erhitzen, Pastinaken, Sellerie und Zwiebeln darin 5 Minuten anbraten. Mit Brühe und Sahne ablöschen, mit Salz, Pfeffer und Muskatnuss würzen und zugedeckt 20 Minuten kochen lassen.

3. Aus dem Gnocchiteig mit 2 Esslöffeln Nocken abstechen und diese in kochendem Salzwasser 5 Minuten garen, bis sie an die Oberfläche steigen. Mit einer Schaumkelle herausheben und mit der Butter und etwas Muskatnuss vermengen. Mit dem Gemüse servieren.

HERZHAFT GEBRATENES

Maultaschen mit Kartoffel-Gemüse-Füllung und Zwiebelschmelze

Forellen-Saltimbocca auf karamellisierten Pastinaken

‹‹ Maultaschen mit Kartoffel-Gemüse-Füllung und Zwiebelschmelze

Nudelteig
100 g Mehl
50 g Hartweizengrieß
2 Eigelb
Salz
1 EL Olivenöl
1 Eiweiß zum Bestreichen

Füllung
350 g Kartoffeln, geschält, grob gewürfelt
300 g Sellerie, geschält, grob gewürfelt
1 Msp. frisch geriebene Muskatnuss
30 ml Schlagsahne

5 EL Olivenöl
400 g Spinat, tiefgekühlt
3 Knoblauchzehen, fein gehackt
2 EL Zitronensaft
etwas frisch geriebene Muskatnuss
2 EL getrocknete Petersilie
50 g Parmesan, frisch gerieben
30 g Hartweizengrieß
2 Eigelb

300 g Zwiebeln, in feine Ringe geschnitten
1 EL Kreuzkümmel, ganz

Zubereitungszeit: 1 Stunde 20 Minuten

1. Für den Nudelteig Mehl, Grieß, Eigelbe, 1 Prise Salz, Öl und 2 EL Wasser mit den Knethaken der Küchenmaschine oder des Handrührgeräts zu einem glatten Teig verarbeiten. In Frischhaltefolie wickeln und 1 Stunde kalt stellen.

2. Inzwischen für die Füllung Kartoffeln und Sellerie in kochendem Salzwasser 20 Minuten garen. Abgießen und gut ausdämpfen lassen. Salz, Muskatnuss und Sahne hinzufügen und alles fein stampfen.

3. In einer Pfanne 2 EL Öl erhitzen, den Spinat mit einem Drittel des Knoblauchs darin andünsten. Mit Salz, Pfeffer, Zitronensaft und Muskatnuss würzen. Den Spinat in einem Sieb abtropfen lassen, sämtliche darin enthaltene Flüssigkeit gut ausdrücken und den Spinat fein hacken. Mit Petersilie, Parmesan, Grieß, Eigelben und dem Kartoffel-Sellerie-Püree gut vermengen.

4. In einer Pfanne nochmals 3 EL Öl erhitzen, die Zwiebeln mit Kreuzkümmel und dem restlichen Knoblauch darin 15 Minuten braten. Mit Salz und Pfeffer würzen.

5. Den Nudelteig dritteln und auf der bemehlten Arbeitsfläche jeweils zu etwa 40 cm langen und 16 cm breiten Teigbahnen ausrollen. Die Füllung dritteln und jeweils auf den Teigbahnen verstreichen, dabei einen 1 cm breiten Rand lassen. Die Ränder mit Eiweiß bestreichen, den Nudelteig von der Längsseite her einrollen und gut festdrücken. Die Teigrollen jeweils in 7 Scheiben schneiden, auf ein mit Grieß bestreutes Blech legen und darin wenden.

6. Die Maultaschen in siedendem Salzwasser 3–4 Minuten garen. Mit einer Schaumkelle herausheben und abtropfen lassen. In Streifen schneiden, zur Zwiebelmischung geben und nochmals kurz darin schwenken.

Dazu passt Endiviensalat.

‹ Forellen-Saltimbocca auf karamellisierten Pastinaken

Karamellisierte Pastinaken
600 g Pastinaken, geschält, längs halbiert
Salz
30 g Zucker
1 EL geklärte Butter (Ghee)

Forellen-Saltimbocca
8 Forellenfilets à 100 g
weißer Pfeffer aus der Mühle
24 Salbeiblätter
8 hauchdünne Scheiben Schinken
1 EL geklärte Butter (Ghee)
3–4 EL Zitronensaft

Zubereitungszeit: 35 Minuten

1. Die Pastinaken in kochendem Salzwasser 15 Minuten garen. In einer beschichteten Pfanne Zucker und Butter erhitzen und karamellisieren. Die Pastinaken abgießen und in der Karamellbutter schwenken.

2. Die Forellenfilets mit Salz und Pfeffer würzen, mit je 3 Salbeiblättern belegen und mit 1 Scheibe Schinken umwickeln, mit Holzspießchen fixieren. In einer Pfanne die Butter erhitzen, die Forellenfilets darin von jeder Seite 4 Minuten braten.

3. Mit den Pastinaken servieren und dem Zitronensaft beträufeln.

Dazu passen Salzkartoffeln, in Butter und gemahlenen Nüssen geschwenkt.

Kaninchen-Satéspieße auf gebratenem Kürbis mit Amarettini

720 g ausgelöster Kaninchenrücken
10 g frischer Ingwer, fein gerieben
1 EL Honig
2 EL Kürbiskernöl
Salz | schwarzer Pfeffer aus der Mühle
2 EL Sonnenblumenöl zum Braten

Kürbis mit Amarettini
2 EL Kürbiskernöl
2 Zwiebeln, fein gewürfelt
2 Knoblauchzehen,
in dünne Scheiben geschnitten
400 g Kürbis, geschält, fein gewürfelt
250 ml Gemüsebrühe
1 Msp. frisch geriebene Muskatnuss
50 g Amarettini, grob zerbröselt

Zubereitungszeit: 1 Stunde

1. Die Kaninchenrücken längs in dünne Streifen schneiden, mit Ingwer, Honig, Kürbiskernöl, Salz und Pfeffer 30 Minuten marinieren.

2. Für den Kürbis in einem Topf das Kürbiskernöl erhitzen, Zwiebeln, Knoblauch und Kürbis darin 5 Minuten anbraten. Mit der Gemüsebrühe ablöschen und 5 Minuten einkochen lassen. Mit Salz, Pfeffer und Muskatnuss würzen. Die Amarettini darüberstreuen.

3. Das marinierte Kaninchenfleisch wellenförmig auf Holzspieße stecken. Das Öl in einer Pfanne erhitzen und die Satéspieße von jeder Seite 3 Minuten anbraten. Mit dem Kürbisgemüse servieren.

Dazu passen Tagliatelle.

Gebratenes Kaninchen mit Vanille, Maronen und Sellerie

‹ Gebratenes Kaninchen mit Vanille, Maronen und Sellerie

400 g Karotten, geschält, längs halbiert
250 g Sellerie, geschält,
in 1 cm dicke Stifte geschnitten
1 Vanilleschote
600 g Kaninchenrücken
grobes Meersalz (Fleur de Sel)
4 EL geklärte Butter (Ghee)
300 g Schalotten, in Spalten geschnitten
2 Knoblauchzehen, fein gewürfelt
200 g vorgegarte, geschälte Maronen,
in Scheiben geschnitten
weißer Pfeffer aus der Mühle
50 ml Orangensaft
1 Msp. frisch geriebene Muskatnuss

Zubereitungszeit: 40 Minuten

1. Karotten und Sellerie in kochendem Salzwasser 10 Minuten garen. Abgießen und abtropfen lassen.

2. Die Vanilleschote längs aufschlitzen, das Mark herauskratzen. Das Kaninchenfleisch mit Vanillemark und Meersalz einreiben. 2 EL Butter in einer Pfanne erhitzen und das Fleisch darin von jeder Seite 5 Minuten braten; die ausgekratzte Vanillestange dabei mitbraten.

3. In einer zweiten Pfanne nochmals 2 EL Butter erhitzen, Schalotten und Knoblauch darin 5 Minuten andünsten. Karotten, Sellerie und Maronen hinzufügen. Mit Salz, Pfeffer, Orangensaft und Muskatnuss würzen.

Dazu passen Maronennudeln oder andere Teigwaren.

Lammrücken auf Topinamburpüree mit Orangensauce

Topinamburpüree
1½ kg Topinambur, geschält, in Stücke geschnitten
2 EL Olivenöl
3 EL Crème fraîche
Salz | weißer Pfeffer aus der Mühle
1 unbehandelte Orange, abgeriebene Schale und Saft

600 g ausgelöster Lammrücken
2 EL Olivenöl
100 g Mandelmus
3 Zweige Thymian, Blättchen abgezupft oder 1 EL getrockneter Thymian
100 g Weißbrot, zerbröselt

Orangensauce
2 rote Zwiebeln, fein gewürfelt
2 Orangen, filetiert
100 ml Orangensaft
100 ml Gemüsebrühe
1 EL heller Saucenbinder
Salz
frisch geriebene Muskatnuss

Zubereitungszeit: 45 Minuten

1. Die Topinambur in kochendem Salzwasser 20 Minuten zugedeckt garen. Abgießen und mit Olivenöl und Crème fraîche fein pürieren. Mit Salz, Pfeffer, Orangenschale und -saft abschmecken.

2. In einer Pfanne das Olivenöl erhitzen und das Fleisch darin bei starker Hitze von allen Seiten anbraten und anschließend noch 3 Minuten weiterbraten.

3. Mandelmus, Thymian und Brotbrösel vermischen und auf einem Stück Frischhaltefolie mit den Händen zu einer Fläche von etwa 2–3 mm Dicke in der Größe des Fleischstücks formen.

4. Das Fleisch aus der Pfanne nehmen, auf ein Stück Alufolie geben und die Oberseite mit der Mandelmasse belegen. Im Backofen auf der oberen Schiene unter dem vorgeheizten Grill so lange überbacken, bis eine hellbraune Kruste entstanden ist.

5. Die Schale von 2 Orangen mit einem Messer abschneiden, die Filets herauslösen, restlichen Saft auspressen. In dem vom Anbraten des Fleischs zurückgebliebenen Bratfett die Zwiebeln bei milder Hitze 5 Minuten dünsten.
Die Orangenfilets samt dem aus den Häuten ausgedrückten Saft, Orangensaft und Brühe hinzufügen. Mit Saucenbinder binden und mit Salz, Pfeffer und Muskatnuss würzen.

Rehrücken
mit Sellerie-Ingwer-Püree, Wirsing
und Rotwein-Kirschen-Sauce

1 TL Wacholderbeeren
1 TL Pimentkörner
1 TL Pfefferkörner
600 g ausgelöstes Rehrückenfilet
2 EL geklärte Butter (Ghee)

Selleriepüree
400 g Sellerie, geschält, grob gewürfelt
150 ml Weißwein
Salz | weißer Pfeffer aus der Mühle
30 g Crème fraîche
20 g Ingwer, fein gerieben

Wirsinggemüse
1 EL geklärte Butter (Ghee)
2 Zwiebeln, fein gewürfelt
2 Knoblauchzehen, fein gehackt
350 g Wirsing, Strunk entfernt, in feine Streifen geschnitten
250 ml Gemüsebrühe
frisch geriebene Muskatnuss

Sauce
1 EL geklärte Butter (Ghee)
1 EL Mehl
200 ml Wildfond
100 ml Rotwein
100 g tiefgekühlte entsteinte Kirschen

**Zubereitungszeit: 1 Stunde
(ohne Marinierzeit)**

1. Wacholderbeeren, Piment und Pfefferkörner im Mörser fein zerstoßen. Den Rehrücken mit der Gewürzmischung einreiben und über Nacht in Frischhaltefolie gewickelt marinieren.

2. Für das Püree den Sellerie mit Weißwein, Salz und Pfeffer zugedeckt 20 Minuten köcheln lassen. Crème fraîche und Ingwer dazugeben und alles fein pürieren. Warm halten.

3. Für das Wirsinggemüse in einem Topf die Butter erhitzen, die Hälfte der Zwiebeln, den Knoblauch und den Wirsing darin andünsten. Mit der Gemüsebrühe ablöschen, mit Salz, Pfeffer und Muskatnuss würzen. Bei mittlerer Hitze zugedeckt 15 Minuten kochen lassen.

4. In einer beschichteten Pfanne 2 EL Butter erhitzen und das Fleisch 2 Minuten darin anbraten, salzen. Im vorgeheizten Backofen bei 150 Grad 8 Minuten garen (Umluft nicht empfehlenswert).

5. Für die Sauce die Butter erhitzen, die restliche Zwiebel darin andünsten, das Mehl hinzufügen, mit Wildfond und Rotwein aufgießen und die Kirschen hinzufügen. 6–8 Minuten offen kochen lassen. Mit Salz und Pfeffer würzen.

6. Den Rehrücken nach Ende der Garzeit in Alufolie gewickelt noch etwas ruhen lassen, dann aufschneiden. Mit Wirsinggemüse, Selleriepüree und Sauce servieren.

Rehrücken mit Sellerie-Ingwer-Püree, Wirsing und Rotwein-Kirschen-Sauce

Zanderroulade mit Heidelbeer-Süßholz-Blaukraut und Cassissauce

‹‹ Enten-Gemüse-Ragout mit Kartoffelklößen

Kartoffelklöße

600 g Kartoffeln, geschält, grob gewürfelt
Salz
2 Eigelb
100 g Hartweizengrieß
30 g Butter
bunter Pfeffer aus der Mühle
1 Msp. frisch geriebene Muskatnuss

Enten-Gemüse-Ragout

2 EL geklärte Butter (Ghee)
100 g Schalotten, fein gewürfelt
6 Wacholderbeeren, im Mörser zerstoßen
300 g Steckrüben, geschält, fein gewürfelt
50 g Backpflaumen, entsteint, in Streifen geschnitten
200 g Sellerie, geschält, fein gewürfelt
50 ml Rotwein
400 ml Hühnerbrühe
100 ml Holunderbeersaft
700 g Entenbrustfilet, Haut, Sehnen und Fett entfernt, Fleisch grob gewürfelt
2 EL dunkler Saucenbinder

Zubereitungszeit: 1 Stunde

1. Für die Kartoffelklöße die Kartoffeln in kochendem Salzwasser 20 Minuten garen. Abgießen und im Topf im vorgeheizten Ofen bei 150 Grad 5 Minuten ausdämpfen lassen (Umluft 100 Grad). Die Kartoffeln durch eine Kartoffelpresse drücken. Eigelbe und Grieß darunterrühren, mit Salz, Pfeffer und Muskatnuss würzen. Den Teig 30 Minuten ruhen lassen.

2. Inzwischen 1 EL Butter schmelzen, Schalotten, Wacholderbeeren, Steckrüben, Backpflaumen und Sellerie darin andünsten. Mit Rotwein, Hühnerbrühe und Holunderbeersaft ablöschen und zugedeckt 15 Minuten köcheln lassen.

3. In einer beschichteten Pfanne nochmals 1 EL Butter erhitzen, die Entenbrustwürfel darin goldbraun braten und zum Gemüseragout hinzufügen. Das Ragout nochmals aufkochen, den Saucenbinder einrühren und alles nochmals aufkochen lassen. Mit Salz und Pfeffer abschmecken.

4. Einen großen Topf mit Salzwasser erhitzen. Mit bemehlten Händen aus dem Kartoffelteig 8 Klöße formen und im Salzwasser bei milder Hitze 10 Minuten ziehen lassen. Mit dem Entenragout servieren.

‹ Zanderroulade mit Heidelbeer-Süßholz-Blaukraut und Cassissauce

Blaukraut
1 EL geklärte Butter (Ghee)
2 Zwiebeln, in feine Streifen geschnitten
700 g Rotkohl, in feine Streifen geschnitten
500 ml Gemüsebrühe
100 ml Crème de Cassis (schwarzer Johannisbeerlikör)
500 ml Rotwein
Salz | schwarzer Pfeffer aus der Mühle
1 Stück Süßholz, halbiert
30 g Heidelbeermarmelade
2 Orangen, filetiert

Zanderroulade
2 EL geklärte Butter (Ghee)
2 EL getrockneter Estragon
100 g Crème fraîche
50 g gemahlene Mandeln
20 g frischer Ingwer, fein gerieben
800 g Zanderfilets (4 Filets à 200 g)
2 EL geklärte Butter (Ghee)

Cassissauce
2 EL geklärte Butter (Ghee)
1 EL Weizenmehl
250 ml Rotwein
50 ml Schlagsahne
50 ml Crème de Cassis
1 TL Honig

Zubereitungszeit: 1 Stunde

1. Für das Blaukraut in einem Topf die Butter erhitzen. Die Zwiebeln und den Rotkohl darin anbraten. Mit der Brühe, Cassis und Rotwein ablöschen. Mit Salz und Pfeffer würzen, das Süßholz dazugeben und alles zugedeckt bei mittlerer Hitze 45 Minuten köcheln lassen; dabei mehrmals umrühren.

2. Für die Zanderroulade Estragon, Crème fraîche, Mandeln, Ingwer, Salz und Pfeffer gut verrühren. Die Zanderfilets jeweils auf der Hautseite mit der Creme bestreichen, aufrollen und mit Zahnstochern verschließen. In einer beschichteten Pfanne die Butter erhitzen, die Zanderrouladen darin von allen Seiten anbraten. Im vorgeheizten Backofen bei 160 Grad (Umluft 140 Grad) 15 Minuten nachgaren.

3. Für die Sauce in einem Topf die Butter erhitzen, das Mehl hinzufügen und kurz andünsten. Mit Rotwein, Sahne und Cassis ablöschen und den Honig hinzufügen. Aufkochen und mit einem Schneebesen gut verrühren.

4. Das Blaukraut mit der Heidelbeermarmelade verfeinern, das Süßholz entfernen und die Orangenfilets hinzufügen. Nochmals mit Salz und Pfeffer abschmecken.

5. Die Zanderrouladen halbieren und mit Rotkohl und Sauce servieren.

Dazu passen Salzkartoffeln.

Hähnchenbrust
mit Kapern-Ingwer-Füllung und geschmorten Steckrüben

4 Hähnchenbrüste à 180 g
Salz | bunter Pfeffer aus der Mühle
1 TL gemahlener Piment
50 g Toastbrot, fein gewürfelt
150 g Frischkäse
30 g Ingwer, fein gerieben
50 g Kapern, grob gehackt
2 EL Öl

Geschmorte Steckrüben
2 EL Öl
500 g Steckrüben, geschält, 1 cm groß gewürfelt
100 g Gemüsezwiebel, fein gewürfelt
1 TL gemahlener Kreuzkümmel
200 ml Hühnerbrühe
50 g Crème fraîche
2 EL Zitronensaft

Zubereitungszeit: 45 Minuten

1. In die Hähnchenbrüste für die Füllung längs jeweils eine Tasche schneiden und diese mit Salz, Piment und Pfeffer würzen. Das Toastbrot mit Frischkäse, Ingwer, Kapern, Salz und Pfeffer gut verrühren. Jeweils 2 EL Füllung in die Taschen geben und mit Holzspießchen verschließen.

2. In einer Pfanne Öl erhitzen, Steckrüben, Zwiebeln und Kreuzkümmel darin anbraten. Mit der Hühnerbrühe ablöschen und 10 Minuten offen köcheln lassen.

3. In einer zweiten großen Pfanne nochmals 2 EL Öl erhitzen und das Fleisch darin von jeder Seite 3 Minuten braten. Die angebratenen Hähnchenbrüste auf die Steckrüben legen und zugedeckt im vorgeheizten Ofen bei 180 Grad (Umluft nicht empfehlenswert) 15 Minuten garen. Die Hähnchenbrüste aufschneiden. Das Steckrübengemüse mit Crème fraîche und Zitronensaft verfeinern.

Dazu passt Reis.

Entenbrust
mit Rosenkohl und Holundersauce

2 Entenbrüste à 300 g

Holundersauce
2 EL Öl
1 Zwiebel, grob gewürfelt
200 ml Entenfond
150 ml Holundersaft
Salz | Pfeffer aus der Mühle
1 Msp. Piment

500 g Rosenkohl, geputzt, halbiert
2–3 EL Trüffelbutter
oder ersatzweise normale Butter
frisch geriebene Muskatnuss
2 EL dunkler Saucenbinder

Zubereitungszeit: 50 Minuten

1. Die Haut der Entenbrüste kreuzweise einschneiden, das Fleisch salzen und pfeffern. Die Entenbrüste in einer Pfanne ohne Fett zuerst auf der Hautseite 5 Minuten anbraten, dann wenden und auf der anderen Seite ebenfalls 5 Minuten braten. Im vorgeheizten Backofen bei 160 Grad (Umluft 140 Grad) 15 Minuten nachgaren. Herausnehmen und in Alufolie gewickelt 10 Minuten ruhen lassen.

2. Für die Sauce das Öl in einem Topf erhitzen und die Zwiebel darin anbraten. Mit Entenfond und Holundersaft ablöschen und bei mittlerer Hitze offen 15 Minuten köcheln lassen. Mit Salz, Pfeffer und Piment würzen.

3. Den Rosenkohl in kochendem Salzwasser 10 Minuten garen. Abgießen und in Trüffelbutter, Salz und Muskatnuss schwenken.

4. Die Sauce durch ein Sieb passieren, nochmals aufkochen und mit dem Saucenbinder binden.

5. Entenbrust in dünne Scheiben aufschneiden und mit dem Rosenkohl und der Sauce servieren.

Entenbrust mit Rosenkohl und Holundersauce

Tafelspitz in Gemüsefond mit Meerrettichcreme

< Tafelspitz in Gemüsefond mit Meerrettichcreme

250 g Bundkarotten, geschält, grob gewürfelt
250 g Knollensellerie, geschält, grob gewürfelt
250 g Pastinaken, geschält, grob gewürfelt
2 Zwiebeln, halbiert, grob gewürfelt
2 Lorbeerblätter
4 Wacholderbeeren
1 EL Salz
5 Pimentkörner
1 kg Kalbstafelspitz
Salz
3 EL Sonnenblumenöl

Meerrettichcreme
50 g Meerrettichwurzel, geschält, fein gerieben
100 g Crème fraîche
Pfeffer aus der Mühle

Zubereitungszeit: 2½ Stunden

1. In einem großen Topf 4 Liter Wasser mit jeweils gut der Hälfte der Karotten, des Selleries, der Pastinaken und der Zwiebeln sowie mit Lorbeer, Wacholder, Salz und Piment kurz aufkochen. Den Tafelspitz in den nicht mehr kochenden Sud geben und zugedeckt im Backofen bei 180 Grad 2 Stunden ziehen lassen (Umluft nicht geeignet). Nach der Hälfte der Zeit das Fleisch wenden. Nach dem Ende der Garzeit den Schaum abschöpfen, den Fond durch ein Sieb in einen zweiten Topf gießen. Das Fleisch in Alufolie wickeln und warm halten.

2. Für den Gemüsefond das Öl in einem Topf erhitzen. Die restlichen Gemüsewürfel darin andünsten, den Garfond vom Tafelspitz hinzufügen und alles zugedeckt 3 Minuten köcheln lassen. Den Tafelspitz quer zur Faser in dünne Scheiben schneiden und in dem Fond erhitzen.

3. Den Meerrettich mit der Crème fraîche verrühren. Mit Salz und Pfeffer würzen.

4. Das Fleisch mit dem Gemüse und etwas Fond anrichten, die Meerrettichcreme dazu servieren.

Dazu passen Salzkartoffeln.

Hähnchenroulade mit Kartoffelfüllung und geschmelzten Zwiebeln

Hähnchenrouladen
250 g Kartoffeln, geschält, in 2 cm große Würfel geschnitten
Salz
10 Salbeiblätter, fein gehackt oder 3 EL getrockneter Salbei
1 EL Senfsamen, im Mörser fein zerstoßen
30 g Weichweizengrieß
1 Eigelb
60 g getrocknete Tomaten, fein gewürfelt
weißer Pfeffer aus der Mühle
1 Msp. frisch geriebene Muskatnuss
4 Hähnchenbrüste
3 EL Olivenöl

Geschmelzte Zwiebeln
2 EL Olivenöl
250 g Zwiebeln, in feine Streifen geschnitten

30 ml Balsamicocreme

Zubereitungszeit: 45 Minuten

1. Die Kartoffeln in kochendem Salzwasser 10 Minuten garen. Abgießen, fein zerstampfen und ausdämpfen lassen. Die Hälfte des Salbeis, Senfsamen, Grieß, Eigelb und getrocknete Tomaten daruntermischen. Mit Salz, Pfeffer und Muskatnuss würzen. 30 Minuten quellen lassen.

2. Die Hähnchenbrüste längs halbieren, jedoch nicht ganz durchtrennen, etwas flach klopfen und mit Salz und Pfeffer würzen. In die so entstandene Tasche jeweils 2 EL Kartoffelfüllung geben, das Fleisch einrollen und mit Holzspießchen verschließen. In einer beschichteten Pfanne das Öl erhitzen und die Hähnchenrouladen rundherum 8 Minuten anbraten.

3. Für die Zwiebeln das Öl erhitzen und darin bei mittlerer Hitze den restlichen Salbei und die Zwiebeln 10 Minuten unter ständigem Rühren braten. Mit Salz und Pfeffer würzen.

4. Die Hähnchenrouladen aufschneiden, mit den Schmelzzwiebeln und der Balsamicocreme servieren.

Dazu passt Feldsalat.

To go
WINTERPICKNICK

Hamburger mit Kichererbsen-Frikadellen, Avocadocreme und Radicchio

Thymian-Tannen

250 g Mehl
125 g kalte Butter, in kleine Stücke geschnitten
1 Ei
5 Zweige Thymian, Blättchen abgezupft
2 EL Olivenöl
1 TL grobes Meersalz

**Zubereitungszeit: 35 Minuten
(ohne Kühl- und Backzeit)**

1. Mehl, Butter, Ei und die Hälfte des Thymians mit den Knethaken der Küchenmaschine oder des Handrührgeräts zu einem glatten Teig kneten. In Frischhaltefolie gewickelt 30 Minuten kühl stellen.

2. Den Teig auf der bemehlten Arbeitsfläche ausrollen und 8–10 Tannen ausstechen (notfalls die Tannen mit einem Messer ausschneiden oder andere passende Formen wählen). Auf ein Backblech legen, mit dem Olivenöl bestreichen, mit dem groben Meersalz bestreuen und den restlichen Thymian darauf verteilen.

3. Im vorgeheizten Backofen bei 180 Grad (Umluft 160 Grad) 15 Minuten backen. Herausnehmen und abkühlen lassen.

‹ Hamburger mit Kichererbsen-Frikadellen, Avocadocreme und Radicchio

Ein idealer Wintersnack im Freien

Frikadellen
250 g gekochte Kichererbsen (aus dem Glas)
1 Knoblauchzehe, gehackt
1 Bund frische Petersilie, gehackt
oder 3 EL getrocknete Petersilie
1 unbehandelte Orange,
abgeriebene Schale und Saft
Salz | Pfeffer aus der Mühle
½ TL gemahlener Kreuzkümmel
2 Eier
20 g Weichweizengrieß

2 Avocados
2 EL Weißweinessig
3 EL geklärte Butter (Ghee)
4 Brötchen
100 g Radicchio, in einzelne Blätter gezupft

Zubereitungszeit: 35 Minuten

1. Kichererbsen, Knoblauch, Petersilie, Orangenschale, Salz, Pfeffer und Kreuzkümmel in einem hohen Gefäß mit dem Pürierstab fein pürieren. Die Eier und den Grieß mit den Schneebesen des Handrührgeräts darunterrühren.

2. Die Avocados halbieren, den Stein entfernen und das Fruchtfleisch herausschaben. Mit Orangensaft, Essig, Salz und Pfeffer fein pürieren.

3. Die Butter in einer beschichteten Pfanne erhitzen. Aus der Kichererbsenmasse Frikadellen formen und diese von jeder Seite 4 Minuten braten.

4. Die Brötchen aufschneiden, die Schnittflächen mit der Avocadocreme bestreichen. Die Radicchioblätter und die Frikadellen darauflegen und die Brötchen zuklappen.

Sandwich mit Kürbis, Rotkohl und Sprossen

Herzhafter Stollen

Für eine Stollen- oder Kastenform
von 26 cm Länge

1 Würfel Hefe (42 g), zerbröckelt
1 Prise Zucker
2 EL Olivenöl
100 g Schinken, fein gewürfelt
2 Zwiebeln, fein gewürfelt
250 g Kürbisfleisch, fein gewürfelt
1 Knoblauchzehe, fein gehackt
2 rote Pfefferschoten, in feine Ringe geschnitten
300 g Weizenmehl (Type 405)
500 g Speisequark
50 g Butter, geschmolzen
50 g Buchweizenmehl
1 Handvoll Kräuter, fein gehackt
2 EL mildes Paprikapulver

Zubereitungszeit: 45 Minuten

1. Hefe, Zucker und 3 EL lauwarmes Wasser verrühren. An einem warmen Ort etwa 10 Minuten gehen lassen.

2. In einer Pfanne das Olivenöl erhitzen und Schinken, Zwiebeln, Kürbis, Knoblauch und Pfefferschoten darin 5–8 Minuten braten. Etwas abkühlen lassen.

3. Mehl, Quark, die angerührte Hefe, Butter und Buchweizenmehl mit den Knethaken der Küchenmaschine oder des Handrührgeräts zu einem glatten Teig verarbeiten. Die Zwiebelmischung und die Kräuter darunterarbeiten.

4. Die Form mit Backpapier auslegen und den Teig einfüllen. Bei 180 Grad (Umluft 160 Grad) 35–40 Minuten backen. Herausnehmen, abkühlen lassen und stürzen. Mit Paprikapulver bestäuben.

‹ Sandwich mit Kürbis, Rotkohl und Sprossen

150 g Rotkohl, in hauchdünne Streifen geschnitten
4 EL Olivenöl
2 EL Rotweinessig
1 EL Honig
grobes Meersalz (Fleur de Sel)
schwarzer Pfeffer aus der Mühle
300 g Kürbis, geschält, entkernt, in Scheiben geschnitten

80 g Butter
30 g Ingwer, geschält, fein gerieben
4 Sandwich- oder andere Brötchen à 150 g
100 g gemischte Sprossen

**Zubereitungszeit: 25 Minuten
(ohne Marinierzeit)**

1. Den Rotkohl mit Öl, Essig, Honig, Salz und Pfeffer mischen und über Nacht marinieren.

2. Den Kürbis in kochendem Salzwasser 8 Minuten garen, abgießen und kalt abschrecken. Mit dem Rotkohl vermischen.

3. Die Butter mit Ingwer und etwas Meersalz mit den Schneebesen des Handrührgeräts 5 Minuten schlagen, bis sie weiß und schaumig ist.

4. Die Brötchen quer aufschneiden, beide Schnittflächen mit der Ingwerbutter bestreichen. Die Kürbis-Rotkohl-Mischung und die Sprossen auf die Brötchen verteilen.

Tipp: Sprossen kann man im Winter gut selbst ziehen.

‹ Rote-Bete-Bergkäse-Pies

Für ein Muffinblech oder 4 Muffinformen

Teig
250 g Mehl
75 g Bergkäse, grob gerieben
125 g kalte Butter, klein gewürfelt
½ TL Salz
1 Eigelb

Füllung
3 EL Olivenöl
400 g Rote Beten (Randen), geschält, in 1 cm große Würfel geschnitten
2 Zwiebeln, fein gewürfelt
1 Knoblauchzehe, fein gewürfelt
1 Zweig Rosmarin, fein gehackt oder 1 EL getrockneter Rosmarin
300 ml Gemüsebrühe
80 g Crème fraîche
Salz | schwarzer Pfeffer aus der Mühle
½ TL Kreuzkümmel
1 TL Kurkuma

etwas Mehl für die Arbeitsfläche
30 g gemahlene Haselnüsse
75 g Bergkäse, grob gerieben
1 Eigelb
30 ml Schlagsahne

Zubereitungszeit: 2½ Stunden

1. Für den Teig Mehl, Käse, 3 EL kaltes Wasser, Butter, Salz und Eigelb mit den Knethaken der Küchenmaschine oder des Handrührgeräts zu einem glatten Teig verarbeiten. In Frischhaltefolie gewickelt 30 Minuten kalt stellen.

2. Für die Füllung das Öl erhitzen, Rote Beten, Zwiebeln, Knoblauch und Rosmarin darin andünsten. Mit Gemüsebrühe ablöschen und zugedeckt 20 Minuten kochen lassen. Die Crème fraîche hinzufügen und mit Salz, Pfeffer, Kreuzkümmel und Kurkuma würzen. Abkühlen lassen.

3. Den Teig von Hand einmal kurz und kräftig durchkneten, dann auf der bemehlten Arbeitsfläche ausrollen. Jeweils 4 Kreise von etwa 14 cm Durchmesser und 4 Kreise von 8 cm Durchmesser ausschneiden; aus den kleineren Kreisen in der Mitte ein kleines Loch ausstechen. 4 Vertiefungen eines Muffinblechs oder 4 Muffinformen mit Backpapier auslegen. Die größeren Teigkreise hineinlegen und am Rand andrücken.

4. Die Teigböden mit den Haselnüssen bestreuen. Das Rote-Bete-Gemüse mit dem Käse mischen und in die Formen füllen. Eigelb und Sahne gut verrühren und die Teigränder damit bestreichen. Die Teigdeckel auf die Füllung legen und den Teig am Rand mit einer Gabel leicht andrücken. Die Teigoberfläche mit der restlichen Ei-Sahne-Mischung bestreichen.

5. Die Pies im vorgeheizten Backofen bei 200 Grad auf der untersten Schiene 25 Minuten backen. Nach 10 Minuten die Hitze auf 180 Grad reduzieren. Die Pies herausnehmen und etwas abkühlen lassen, dann aus den Formen lösen.

Wirsing-Quiche
mit getrockneten Tomaten, Ricotta und Walnüssen

Für eine Springform von 26 cm Durchmesser

Teig
180 g Dinkel-Vollkornmehl
1 Ei
75 g kalte Butter, fein gewürfelt
Salz

Belag
400 g Wirsing, Strunk entfernt, in feine Streifen geschnitten
150 g getrocknete Tomaten, in dünne Streifen geschnitten
150 g Walnüsse, grob gehackt

150 g Ricotta
200 ml Milch
3 Eier
bunter Pfeffer aus der Mühle
1 Msp. frisch geriebene Muskatnuss

Butter und Mehl für die Form

Zubereitungszeit: 45 Minuten (ohne Kühlzeit)

1. Für den Teig Mehl, Ei, Butter, 2 EL kaltes Wasser und 1 Prise Salz mit den Knethaken der Küchenmaschine oder des Handrührgeräts zu einem glatten Teig kneten. Den Teig in Klarsichtfolie wickeln und 30 Minuten kalt stellen.

2. Inzwischen den Wirsing in kochendem Salzwasser 10 Minuten garen, abgießen, kalt abschrecken und gut abtropfen lassen. Mit den getrockneten Tomaten und der Hälfte der Walnüsse vermischen.

3. Ricotta, Milch, Eier, Salz, Pfeffer und Muskatnuss mit einem Schneebesen gut verrühren.

4. Die Form dünn mit Butter fetten und leicht mit Mehl bestäuben. Den Teig auf der bemehlten Arbeitsfläche dünn ausrollen und in die Springform legen, dabei den Teig am Rand hochziehen. Den Teigboden mehrmals mit einer Gabel einstechen. Den Boden mit den restlichen gehackten Walnüssen bestreuen. Den Wirsing und anschließend die Ricottamischung auf dem Teig verteilen.

5. Die Quiche im vorgeheizten Backofen bei 180 Grad 35 Minuten backen (mit Umluft 30 Minuten bei 160 Grad).

Kartoffel-Focaccia
mit Bergkäse und Thymian

30 g Hefe
½ TL Zucker
500 g Mehl
6 EL Olivenöl
2 Zweige Rosmarin, Blättchen fein gehackt
Meersalz (Fleur de Sel)
schwarzer Pfeffer, fein gemahlen
3 Wacholderbeeren, fein gehackt
Mehl zum Ausrollen

500 g Kartoffeln, geschält
2 EL Olivenöl zum Bestreichen
75 g Bergkäse, fein gerieben

**Zubereitungszeit: 30 Minuten
(ohne Geh- und Backzeit)**

1. Hefe, Zucker und 2 EL Wasser mit einem Schneebesen verrühren. An einem warmen Ort etwa 10 Minuten gehen lassen. Das Mehl, die angerührte Hefe, 250 ml Wasser, Olivenöl, Rosmarin, Meersalz, Pfeffer und Wacholder mit Knethaken zu einem glatten Teig verarbeiten. An einem warmen Ort 40 Minuten gehen lassen, bis sich das Teigvolumen verdoppelt hat. Danach den Teig erneut durchkneten, auf Backblechgröße ausrollen und nochmals 30 Minuten gehen lassen.

2. Die Kartoffeln in kochendem Salzwasser 15 Minuten garen, schälen und in Scheiben schneiden.

3. Den Teig auf ein mit Backpapier belegtes Blech geben und mit den Kartoffeln belegen. Mit Olivenöl bestreichen, mit Meersalz und dem Bergkäse bestreuen. Im vorgeheizten Backofen bei 180 Grad (Umluft 160 Grad) 20 Minuten backen.

Räucherlachs-Sandwich
mit Feldsalatcreme
und Orangen-Nuss-Pesto

Orangen-Nuss-Pesto
100 g gemischte Nüsse
1 unbehandelte Orange,
fein abgeriebene Schale und Saft
1 Msp. gemahlener Kardamom
10 g Meerrettich, geschält, fein gerieben
Meersalz
50 ml Olivenöl

Feldsalatcreme
100 g Feldsalat, gewaschen, geputzt
30 g Crème fraîche
1–2 EL Zitronensaft
schwarzer Pfeffer aus der Mühle
1 Msp. frisch geriebene Muskatnuss

8 dünne Scheiben Roggenbrot
100 g Räucherlachs in dünnen Scheiben

Zubereitungszeit: 20 Minuten

1. Für das Pesto Nüsse, Orangenschale, Orangensaft, Kardamom, Meerrettich, Meersalz und Olivenöl mit dem Pürierstab oder im Blitzhacker (Cutter) pürieren.

2. Für die Feldsalatcreme den Feldsalat mit Crème fraîche, Zitronensaft, Salz, Pfeffer und Muskatnuss mit dem Pürierstab fein pürieren.

3. Sämtliche Brotscheiben mit der Feldsalatcreme bestreichen. 4 Scheiben mit Pesto und Räucherlachs belegen. Mit den anderen 4 Scheiben bedecken.

Nussbrot mit Apfelchutney

Für 2 Springformen von 24 cm Durchmesser oder 2 Kastenformen

500 g Weizenmehl (Type 1050)
500 g Roggenmehl
1 Würfel Hefe (42 g), zerbröckelt
oder 1 Beutel Trockenhefe (9 g)
1 Prise Zucker
250 g Sauerteig
1 EL gemahlener Kümmel
Salz | Pfeffer aus der Mühle
1 TL gemahlener Piment
200 g gemischte Nüsse (Paranüsse, Haselnüsse, geschälte Mandeln, Cashewkerne)
2 EL Olivenöl für die Formen und zum Bestreichen
1 TL Kümmel, ganz
1 TL grobes Meersalz

Apfelchutney

2 EL Olivenöl
2 Zwiebeln, fein gewürfelt
2 Orangen, filetiert
2 Zweige Thymian, Blättchen abgezupft
2 Äpfel, fein gewürfelt
1 TL Senfsamen
1 Sternanis
1 TL Fenchelsamen
150 ml Weißwein
2 EL Honig
3 EL Weißweinessig

Zubereitungszeit: 45 Minuten (ohne Geh- und Backzeit)

1. Das Mehl in eine große Schüssel geben, eine Mulde hineindrücken, in diese 3 EL lauwarmes Wasser, Hefe und Zucker geben und 10 Minuten gehen lassen. Den Sauerteig, den gemahlenen Kümmel, 750 ml lauwarmes Wasser, Salz, Pfeffer und Piment hinzufügen und alles mit den Knethaken der Küchenmaschine oder des Handrührgeräts zu einem glatten Teig verarbeiten. Mit einem Küchentuch abgedeckt 30 Minuten gehen lassen. Zuletzt die Nüsse unter den Teig kneten.

2. Die Backformen fetten. Den Teig auf die beiden Formen verteilen und kreuzweise einritzen. Zuerst mit kaltem Wasser bepinseln, dann mit Olivenöl bestreichen und mit Kümmel und grobem Meersalz bestreuen. Im vorgeheizten Backofen zuerst 10 Minuten bei 210 Grad (Umluft 190 Grad) backen, dann die Temperatur auf 180 Grad (Umluft 160 Grad) reduzieren und weitere 40 Minuten backen.

3. Für das Chutney in einem Topf das Öl erhitzen, Zwiebeln, Orangenfilets, Thymian und Äpfel darin anbraten. Senfsamen, Sternanis und Fenchelsamen hinzufügen. Mit dem Weißwein ablöschen, Honig und Essig hinzufügen und 15 Minuten kochen lassen.

4. Das Brot aus dem Ofen nehmen, nochmals mit kaltem Wasser bestreichen und abkühlen lassen. Mit dem Chutney und mit Ziegenkäse oder Bergkäse nach Belieben als Picknick mitnehmen.

Heiße Wohltat
DRINKS

Apfelpunsch mit Anis, Grappa und Zimt

‹ Blutorangenpunsch

7 unbehandelte Blutorangen,
abgeriebene Schale von 1 Orange, Saft von allen
1 Vanilleschote, Mark ausgekratzt
5 Kardamomkapseln, grob zerdrückt
1 Sternanis
4 EL Honig
2 cl Vanillelikör (z. B. Galliano)
8 cl Grappa

Zubereitungszeit: 20 Minuten

Orangensaft und -schale mit Vanilleschote und -mark, Kardamom, Sternanis und Honig aufkochen. Vanillelikör und Grappa hinzufügen. Durch ein Sieb abgießen und heiß servieren.

‹‹ Apfelpunsch
mit Anis, Grappa und Zimt

800 ml klarer Apfelsaft
3 EL Honig
1 Sternanis
1 Zimtstange
2 Kardamomkapseln, grob zerdrückt
4 cl Grappa

Zubereitungszeit: 10 Minuten

Den Apfelsaft mit Honig, Sternanis, Zimtstange und Kardamom aufkochen.
Den Grappa hinzufügen und heiß servieren.

Holunder-Feuerzangenbowle ›

1 l Holunderbeerensaft
6 unbehandelte Orangen,
abgeriebene Schale von 1 Orange, Saft von allen
2 Stangen Zimt
4 cl Crème de Cassis
(schwarzer Johannisbeerlikör)
1 Msp. fein geriebene Tonkabohne
¼ TL fein geriebene Muskatnuss
1 Zuckerhut (250 g)
200 ml brauner Rum (54 Vol.%)

Zubereitungszeit: 20 Minuten

1. Den Holundersaft mit Zimt, Orangenschale, Orangensaft, Cassis, Tonkabohne und Muskatnuss aufkochen.

2. Den Zuckerhut mehrmals mit Rum übergießen, auf ein Gitter über das heiße Getränk stellen und mit einem Streichholz anzünden. Der Zucker karamellisiert nun und tropft in das heiße Getränk. Heiß genießen.

Heiße Chili-Sanddorn-Milch >>

600 ml Milch
100 g weiße Kuvertüre
1 Anisstern
½ Chilischote
5 EL Sanddornsirup
100 ml geschlagene Sahne
2 EL Schokoladensirup

Zubereitungszeit: 10 Minuten

1. Die Milch mit der weißen Schokolade, Anis und Chilischote aufkochen. 4 EL Sanddornsirup einrühren. Alles durch ein Sieb passieren.

2. Die Sahne darunterziehen und mit dem restlichen Sanddornsirup und dem Schokoladensirup beträufeln. Heiß servieren.

Vanille-Kardamom-Glühwein mit Orange und Apfel

800 ml Rotwein in guter Trinkqualität
1 Vanillestange, ausgekratztes Mark
1 unbehandelte Orange,
abgeriebene Schale und Saft
2 cl Orangenlikör
1 Apfel, geschält, fein gewürfelt
1 Msp. gemahlener Kardamom

Zubereitungszeit: 15 Minuten

Den Rotwein mit Vanillemark und -schote, Orangenschale, Orangensaft, Orangenlikör und den Apfelstücken aufkochen.
Den Kardamom hinzufügen. Heiß servieren.

Heiße Chili-Sanddorn-Milch

Betthupferl
SÜSSES

Baiser mit Blutorangen und weißer Schokolade

Kürbis-Ingwer-Schneekristalle

<< Baiser mit Blutorangen und weißer Schokolade

3 Eiweiß
50 g Zucker
1 Prise Salz
2 unbehandelte Blutorangen
80 g weiße Kuvertüre, grob gehackt
1 TL gemahlenes Vanillepulver

Zubereitungszeit: 30 Minuten (ohne Backzeit)

1. Eiweiße, Zucker und Salz mit den Schneebesen des Handrührgeräts zu einem festen Schnee schlagen. Portionen von jeweils 1 EL Eischnee auf ein mit Backpapier belegtes Blech setzen. Im vorgeheizten Backofen bei 110 Grad 3 Stunden trocknen lassen.

2. Die Schale der Blutorangen fein abreiben, dann mit einem scharfen Messer die bittere weiße Haut entfernen und die Orangen in Scheiben schneiden.

3. Die Kuvertüre in einer Chromstahlschüssel über einem heißen Wasserbad schmelzen. Mit 1 TL Orangenschale und dem Vanillepulver würzen. Die Schokolade auf den Orangenscheiben verteilen, die Baisers daraufsetzen und sofort servieren.

Tipp: Die restliche Orangenschale mit 100 g Zucker vermischen und als Orangenzucker für andere Desserts oder Getränke verwenden.

< Kürbis-Ingwer-Schneekristalle

Für 6 große oder 25 kleine Schneekristalle

300 g Mehl (Type 1050)
125 g kalte Butter, in kleine Würfel geschnitten
50 g Zucker
1 EL Lebkuchengewürz
240 g Kürbisfleisch, geschält, entkernt, fein gerieben
80 g gemahlene Haselnüsse
50 g Ingwer, geschält, fein gerieben
20 g Puderzucker zum Bestäuben

Zubereitungszeit: 45 Minuten (ohne Kühlzeit)

1. Für den Teig Mehl, Butter, Zucker, Lebkuchengewürz, Kürbis und Haselnüsse mit den Knethaken der Küchenmaschine oder des Handrührgeräts zu einem glatten Teig verarbeiten. Den Teig in Folie gewickelt 30 Minuten kalt stellen.

2. Den Teig auf der bemehlten Arbeitsfläche ½ cm dick ausrollen. Mit einem Ausstecher 6 große oder 25 kleine Kekse ausstechen und auf ein mit Backpapier belegtes Blech legen. Bei 180 Grad (Umluft 160 Grad) 15 Minuten backen. Herausnehmen, abkühlen lassen und mit Puderzucker bestäuben.

Tipp: Schneekristallausstecher oder ersatzweise große Sternausstecher sind zu bestellen bei www.laegel.net.

Kalter Honigkuchen-Hund >

100 g weiße Kuvertüre, grob gehackt
1 Vanilleschote, ausgekratztes Mark
4 EL Schlagsahne
100 g Zartbitterkuvertüre
1 Msp. gemahlener Kardamom
8 EL Schlagsahne
350 g Honigkuchen (als Fertigprodukt
im Reformhaus oder Bioladen erhältlich)
40 g gehobelte Mandeln

Zubereitungszeit: 25 Minuten

1. Die weiße Kuvertüre mit Vanillemark und
4 EL Sahne erhitzen, glatt rühren und abkühlen
lassen. Die dunkle Kuvertüre mit Kardamom
und ebenfalls 4 EL Sahne erhitzen, glatt rühren
und abkühlen lassen.

2. Den Honigkuchen längs in 6 dünne Scheiben
schneiden, abwechselnd mit weißer und dunkler
Kuvertüre bestreichen und wieder zusammen-
setzen. Als oberste Schicht mit weißer Kuvertüre
abschließen, diese mit den Mandeln bestreuen.
Gut durchgekühlt servieren.

Gedeckte Birnen-Tonka-Pies >>

Teig
200 g Mehl
130 g kalte Butter, gewürfelt
1 Prise Salz
Mehl zum Ausrollen
Butter für die Förmchen

Belag
50 g Cantuccini, fein gemahlen
350 g Birnen, geschält, entkernt, fein gewürfelt
¼ Tonkabohne, fein gerieben
oder ersatzweise 1 TL Vanillepulver
70 g Zucker

Zubereitungszeit: 1 Stunde
(ohne Kühl- und Backzeit)

1. Für den Teig Mehl, Butter, Salz und 3 EL eiskaltes
Wasser mit den Knethaken der Küchenmaschine
oder des Handrührgeräts zu einem glatten Teig
kneten. In Frischhaltefolie gewickelt 30 Minuten
kalt stellen.

2. Den Teig auf der bemehlten Arbeitsfläche
ausrollen. 8 Kreise von 10 cm Durchmesser und
8 Kreise von 8 cm Durchmesser ausschneiden.
Aus den kleineren Teigkreisen in der Mitte ein
Loch von etwa 1 cm Durchmesser ausstechen.
Die Förmchen fetten und mit den größeren
Teigkreisen auslegen, den Rand festdrücken.

3. Die Teigböden mit Cantuccinibröseln bestreuen.
Die Birnen mit der geriebenen Tonkabohne und
dem Zucker vermischen. Auf den Teigböden
verteilen. Die kleineren Teigkreise darauflegen
und an den Rändern festdrücken.

4. Die Törtchen im vorgeheizten Backofen bei
190 Grad (Umluft 170 Grad) 35 Minuten backen.

Dazu passt Vanilleeis.

Maronencreme mit dunkler Schokolade, Blutorangen und Spekulatius

Maronencreme
mit dunkler Schokolade,
Blutorangen und Spekulatius

Maronencreme
300 g gekochte, geschälte Maronen,
grob gehackt
50 g gemahlene Mandeln
60 g weiße Kuvertüre, grob gehackt
150 ml Schlagsahne
70 g Agavendicksaft oder ersatzweise Honig

Schokoladensauce
100 ml Schlagsahne
60 g Zartbitterkuvertüre

2 Blutorangen, filetiert
50 g Spekulatius, grob gehackt
100 ml geschlagene Sahne

Zubereitungszeit: 35 Minuten

1. Maronen, Mandeln, weiße Schokolade, Sahne, 200 ml Wasser und Agavendicksaft so lange erhitzen, bis die Schokolade geschmolzen ist. Mit dem Pürierstab fein pürieren.

2. Für die Schokoladensauce die Sahne erhitzen, die Zartbitterkuvertüre darin auflösen. Abkühlen lassen.

3. Maronencreme, Schokoladensauce, Blutorangen, Spekulatius und Schlagsahne abwechselnd in Gläser schichten.

Kürbis-Nusskuchen
im Kürbis gebacken >

1 ganzer Hokkaidokürbis von etwa 1,2 kg
100 g Butter, gewürfelt
150 g Zucker
2 Eier
50 g Zartbitterkuvertüre, fein gehackt
250 g Mehl (Type 505)
150 g gemahlene Haselnüsse
3 TL Backpulver

Zubereitungszeit: 30 Minuten

1. Von dem Kürbis auf der Höhe des weitesten Durchmessers einen Deckel abschneiden, die Kerne mit einem Löffel herausschaben. Das Fruchtfleisch mit Hilfe eines Messers herausschneiden und fein würfeln. Den Kürbis unten falls nötig geradeschneiden, damit er gut steht.

2. Die Butter und 100 g Zucker mit einem Schneebesen oder mit dem Handrührgerät schaumig schlagen. Die Eier trennen, das Eiweiß in eine Rührschüssel geben. Das Eigelb nach und nach zur Buttermischung hinzufügen. Das Eiweiß steif schlagen, dabei den restlichen Zucker dazugeben. Mehl, Nüsse und Backpulver mischen. Die Mehlmischung abwechselnd mit dem Eischnee unter die Buttermasse heben. Die Kürbiswürfel darunterziehen.

3. Den Kürbis innen mit Backpapier auskleiden und den Teig einfüllen. Im vorgeheizten Backofen bei 175 Grad 45 Minuten backen (mit Umluft bei 160 Grad 35–40 Minuten). In den letzten 20 Minuten den Kürbisdeckel aufsetzen. Aus dem Ofen nehmen und etwas abkühlen lassen. Den Kuchen mit dem Backpapier herausheben, das Backpapier entfernen und den Kuchen dann wieder direkt in den Kürbis setzen. Mit Puderzucker bestäuben.

Die Kürbisschale kann man beim Hokkaidokürbis, wenn man mag, mitessen.

Sellerie-Mandel-Tarte

Für eine Tarteform von 24 cm Durchmesser

Teig
125 g kalte Butter, klein gewürfelt
80 g Puderzucker
250 g Mehl
1 Ei
Salz

350 g Sellerie, geschält
3 EL Zitronensaft
150 g gemahlene Mandeln
1 TL Vanillepulver
2 EL Honig
3 Eier
3 EL Rum

Zubereitungszeit: 45 Minuten
(ohne Kühl- und Backzeit)

1. Butter, Puderzucker, Mehl, Ei und 1 Prise Salz mit den Knethaken der Küchenmaschine oder des Handrührgeräts zu einem glatten Teig verarbeiten. Den Teig mit bemehlten Händen zu einer Kugel formen und in Folie gewickelt mindestens 30 Minuten kalt stellen.

2. Den Sellerie grob raspeln, mit Zitronensaft, Mandeln, Vanillepulver und Honig vermischen.

3. Die Eier trennen. Die Eigelbe und den Rum mit den Schneebesen des Handrührgeräts schaumig schlagen und mit der Selleriemasse gut vermischen. Das Eiweiß in einer zweiten Schüssel steif schlagen und vorsichtig darunterziehen.

4. Die Tarteform fetten. Den Teig auf der bemehlten Arbeitsfläche zu einem Kreis von etwa 26 cm Durchmesser ausrollen und die Form damit auslegen, gut andrücken und den Teigboden mit einer Gabel mehrmals einstechen.

5. Die Mandel-Sellerie-Masse auf dem Teigboden verteilen und die Tarte im vorgeheizten Backofen bei 180 Grad (Umluft 160 Grad) 40 Minuten backen.

Bratbirnen mit Cantuccini-Grappa-Füllung am offenen Feuer gegart

< Bratbirnen
mit Cantuccini-Grappa-Füllung
am offenen Feuer gegart

100 g Cantuccini, grob zerbröselt
50 g Cranberries
30 ml Grappa oder Apfelsaft
4 Birnen

Zubereitungszeit: 15 Minuten

1. Cantuccini, Cranberries und Grappa oder Apfelsaft gut vermischen.

2. Aus den Birnen kegelförmig den Blütenansatz und das Kerngehäuse herausschneiden. Mit der Cantuccinimasse füllen. Je einen Holzstab in die Birnen stecken und über dem offenen Feuer 3–5 Minuten garen.

Dazu passt Vanillesauce.

Kürbis-Ofenschlupfer
mit Vanillesauce

Für eine feuerfeste Form von 1 Liter Inhalt

700 g Hokkaidokürbis, geschält, entkernt, in dünne Scheiben geschnitten (netto etwa 350 g)
200 g Baguette vom Vortag, in dünne Scheiben geschnitten
2 Äpfel, entkernt, in Scheiben geschnitten
350 ml Milch
150 ml Sahne
6 Eier
140 g Zucker
1 TL Vanillepulver
1–2 TL Lebkuchengewürz
50 g gemahlene Mandeln
60 g Sultaninen

Puderzucker zum Bestäuben
100 ml Vanillesauce

Zubereitungszeit: 50 Minuten

1. Kürbis-, Brot- und Apfelscheiben abwechselnd in die gefettete Form schichten.

2. Milch, Sahne, Eier, Zucker, Vanillepulver und Lebkuchengewürz gut verrühren. Mandeln und Sultaninen daruntermischen. Die Sahnemischung in die Form gießen.

3. Im vorgeheizten Backofen bei 180 Grad (Umluft 160 Grad) 25 Minuten backen. Nach 10 Minuten Backzeit mit Backpapier abdecken. Herausnehmen, mit Puderzucker bestäuben und mit Vanillesauce servieren.

Kürbis-Ofenschlupfer mit Vanillesauce

Sellerie-Eis mit Pain d'épices

**Für 6 kleine Förmchen oder
1 Backform von 26 cm Durchmesser**

Sellerie-Eis
250 g Sellerie, geschält, grob gewürfelt
100 g Zucker
200 ml Milch
200 ml Schlagsahne
4 Eigelb
1 Vanilleschote, ausgekratztes Mark

Pain d'épices
250 ml warmes Wasser
450 g flüssiger Honig
200 g Roggenmehl
200 g Mehl (Type 405)
je 1 TL gemahlener Ingwer, Lebkuchengewürz, Zimt, Kreuzkümmel
150 g Rohrohrzucker
2 TL Natron
1 TL Backpulver
¼ TL Salz
50 ml Rum

Zubereitungszeit Eis:
40 Minuten (ohne Gefrierzeit)
Pain d'épices:
20 Minuten (ohne Ruhe- und Backzeit)

1. Für das Eis die Selleriewürfel mit 30 g Zucker in etwas Wasser 20 Minuten zugedeckt kochen lassen. Abgießen, durch eine Kartoffelpresse drücken und abkühlen lassen.

2. Milch und Sahne erhitzen. Die Eigelbe mit Vanille und dem restlichen Zucker (70 g) verrühren. Die Eigelbmischung zur Milch geben, zügig umrühren und unter dem Siedepunkt bei milder Hitze so lange rühren, bis die Masse andickt. Ebenfalls abkühlen lassen.

3. Das Selleriepüree unter die Eimilch mischen und in der Eismaschine oder im Gefrierfach gefrieren lassen. Das Gefrieren im Gefrierfach dauert mindestens 3 Stunden, dabei alle 30 Minuten mit einem Schneebesen umrühren.

4. Für das Pain d'épices das Wasser und den Honig erwärmen und verrühren. Roggenmehl, Mehl, Gewürze, Natron, Backpulver, Salz und Rum darunterarbeiten. Den Teig abgedeckt mindestens 3 Stunden, am besten aber über Nacht kalt stellen.

5. Die Backform oder Förmchen fetten und den Teig einfüllen. Im vorgeheizten Backofen bei 180 Grad (Umluft 160 Grad) kleine Förmchen 35–40 Minuten, eine große Form 45–50 Minuten backen. Abkühlen lassen und mit dem Eis servieren.

Windbeutel mit Quarkcreme und Amarettokirschen >

Ergibt 8 Stück

Teig
125 ml Milch
125 ml Wasser
1 Prise Salz
60 g Butter, grob gewürfelt
150 g Mehl
4 Eier

Füllung
100 ml Kirschsaft
30 ml Mandellikör (z. B. Amaretto)
2 EL Honig
150 g tiefgekühlte entsteinte Kirschen
1 EL Speisestärke

150 ml Schlagsahne
1 Päckchen Vanillezucker
150 g Quark
50 g gemahlene Mandeln
2 EL Honig

20 g Puderzucker zum Bestäuben

Zubereitungszeit: 1 Stunde

1. Milch, Wasser, Salz und Butter aufkochen. Das Mehl im Sturz hinzufügen und bei milder Hitze unter Rühren so lange weiter erhitzen, bis sich der Teig als Kloß vom Topfboden löst und sich auf dem Boden eine weiße Schicht bildet. Den Teig in eine Rührschüssel umfüllen. Die Eier eines nach dem anderen dazugeben und nach jedem Ei mit den Schneebesen des Handrührgeräts so lange rühren, bis es sich vollständig mit dem Teig verbunden hat.

2. Den Teig mit einem Löffel zu 8 Häufchen auf ein mit Backpapier belegtes Blech setzen. Im vorgeheizten Ofen bei 200 Grad (Umluft 180 Grad) 20–25 Minuten backen. Herausnehmen, jeweils einen Deckel abschneiden und abkühlen lassen.

3. Für die Füllung Kirschsaft, Amaretto, 2 EL Honig und die Kirschen aufkochen. Die Stärke mit 3 EL kaltem Wasser verrühren, unter die kochenden Kirschen rühren, nochmals aufkochen und dann vom Herd ziehen.

4. Die Schlagsahne mit dem Vanillezucker steif schlagen. Quark, Mandeln und Honig darunterrühren.

5. Die Windbeutel mit den Amarettokirschen und der Quarkcreme füllen. Die Deckel daraufsetzen und die Windbeutel mit Puderzucker bestäuben.

Windbeutel mit Quarkcreme und Amarettokirschen

< Yogi-Lebkuchen mit weißer Vanilleschokolade

Teig
250 g Honig
125 g Rohrohrzucker
50 g Zartbitterkuvertüre, fein gehackt
125 g Butter
5 g Pottasche | 5 g Hirschhornsalz
(beides im Refomhaus oder Bioladen erhältlich)
500 g Weizenmehl (Type 405)
2 Eier
3 EL Yogitee,
im Mörser oder Mixer fein gemahlen
1 Ei, mit 2 EL Schlagsahne verrührt

100 g weiße Kuvertüre, fein gehackt
1 Msp. Vanillemark
50 g Zartbitterkuvertüre, fein gehackt

Zubereitungszeit: 45 Minuten (ohne Backzeit)

1. Für den Teig Honig, Zucker, Zartbitterkuvertüre und Butter in einem Topf erhitzen und schmelzen lassen. Pottasche und Hirschhornsalz in 2 EL kaltem Wasser auflösen. Das Mehl, die Butter-Honig-Mischung, die Eier, den Yogitee und die Pottaschelösung mit Knethaken zu einem glatten Teig verarbeiten. Diesen auf ein mit Backpapier belegtes Blech geben, mit einem Teigschaber glatt streichen und mit der Ei-Sahne-Mischung bestreichen. Im vorgeheizten Backofen bei 190 Grad (Umluft 170 Grad) 40 Minuten backen. Herausnehmen und abkühlen lassen.

2. Die weiße Kuvertüre und das Vanillemark in einer Chromstahlschüssel über einem heißen Wasserbad schmelzen. Die geschmolzene Kuvertüre auf dem abgekühlten Teig verteilen. Die Zartbitterkuvertüre ebenfalls über einem heißen Wasserbad schmelzen und mit einem kleinen Löffel auf der weißen Schokoladenglasur verteilen.

Kastanienparfait mit heißen Birnen

Für eine Kastenform von 26 cm Länge

Parfait
2 Eier
50 g Puderzucker
1 Päckchen Vanillezucker
1 Prise Salz
250 g vorgekochte, geschälte Maronen
(Esskastanien)
350 ml Schlagsahne
4 EL Agavendicksaft
100 g Vollmilchkuvertüre,
in grobe Stücke zerbrochen

200 ml Holundersaft
6 EL Agavendicksaft
4 cl Cassislikör
4 Birnen, geschält, längs geviertelt, entkernt

Zubereitungszeit: 1 Stunde (ohne Gefrierzeit)

1. Die Eier trennen. Die Eigelbe mit 30 g Puderzucker und dem Vanillezucker mit den Schneebesen des Handrührgeräts schaumig schlagen. Das Eiweiß mit den restlichen 20 g Puderzucker und dem Salz steif schlagen.

2. Die Maronen mit 100 ml Sahne und 4 Esslöffeln Agavendicksaft mit dem Pürierstab pürieren. Die restliche Sahne (250 ml) steif schlagen. Kastanienpüree, Eischnee und die geschlagene Sahne vorsichtig unter die Eimasse ziehen.

3. Die Schokolade in einer Chromstahlschüssel über einem heißen Wasserbad bei milder Hitze schmelzen. Ein Drittel der Kastanienmasse unter die Schokolade mischen.

4. Die Kastenform mit Frischhaltefolie auslegen und die beiden Massen abwechselnd einschichten. Mindestens 4 Stunden im Gefrierfach gefrieren lassen.

Lebkuchensoufflé
mit heißen Kirschen und Sahne >

Für eine feuerfeste Form von 1 Liter Inhalt

Lebkuchensoufflé

20 g Butter und 2 EL Zucker für die Form
4 Eier
2 EL Milch
1 EL fein abgeriebene Zitronenschale
1 EL Zitronensaft
2 EL Mandellikör (z. B. Amaretto)
3 TL Lebkuchengewürz
70 g Zucker
1 TL Vanillezucker
40 g Mehl
200 g Speisestärke
Salz
1 EL Puderzucker zum Bestäuben

100 ml Kirschsaft
2 EL Agavendicksaft
2 EL Speisestärke,
mit 3 EL kaltem Wasser verrührt
300 g tiefgekühlte entsteinte Kirschen
150 ml Schlagsahne

**Zubereitungszeit: 45 Minuten
(ohne Backzeit)**

1. Die Form mit Butter fetten und bis zum Rand mit Zucker ausstreuen.

2. Die Eier trennen. Die Eigelbe mit Milch, Zitronenschale, Zitronensaft, Mandellikör, Lebkuchengewürz, Zucker und Vanillezucker mit den Schneebesen des Handrührgeräts schaumig schlagen. Mehl und Speisestärke darunterziehen. Das Eiweiß mit 1 Prise Salz steif schlagen und unter die Eicreme heben.

3. Die Masse in die vorbereitete Form füllen und im vorgeheizten Backofen bei 175 Grad (Umluft ist nicht empfehlenswert) auf der untersten Schiene 30 Minuten backen.

4. Inzwischen Kirschsaft und Agavendicksaft erhitzen. Die angerührte Speisestärke mit einem Schneebesen unter die kochende Flüssigkeit rühren. Die Kirschen hinzufügen und kurz aufkochen. Die Sahne steif schlagen.

5. Das Soufflé aus dem Backofen nehmen und mit Puderzucker bestäuben. Sofort mit den Kirschen und der Schlagsahne servieren.

Was wächst?
SAISONKALENDER

GEMÜSE | SALATE

	November	Dezember	Januar	Februar
Avocados		x	x	x
Blumenkohl		x	x	x
Brokkoli	x	x	x	x
Chicorée	x	x	x	x
Chinakohl	x	x	x	x
Endiviensalat	x	x	x	x
Feldsalat (Nüsslisalat)	x	x	x	x
Fenchel	x	x	x	x
Grünkohl			x	x
Karotten	x	x	x	x
Kartoffeln	x	x	x	x
Kürbis	x	x	x	x
Lauch	x	x	x	x
Pastinaken	x	x	x	x
Petersilienwurzeln		x	x	x
Radicchio	x	x	x	x
Rettich	x	x	x	x
Rosenkohl	x	x	x	
Rote Bete (Rande)	x	x	x	x
Rotkohl	x	x	x	x
Schwarzer Rettich		x	x	x
Schwarzwurzeln	x	x		
Sellerie	x	x	x	x
Steckrüben	x	x	x	x
Süßkartoffeln	x	x	x	x
Topinambur	x	x	x	x
Weißkohl	x	x	x	x
Wirsing	x	x	x	x
Zwiebeln	x	x	x	x

OBST

	November	Dezember	Januar	Februar
Äpfel	x	x	x	x
Birnen	x	x	x	
Blutorangen		x	x	x
Mandarinen			x	x

VERZEICHNIS DER REZEPTE

Kleine Vorspeisen und Salate

Avocadobrötchen | 71
Avocado-Rettich-Creme, karamellisiert | 24
Brokkoli-Quiches | 20
Brotsalat mit Radicchio, Kürbis und Kürbiskernen | 20
Crostini mit Schwarzwurzeln, Bündnerfleisch und Zwiebel-Relish | 28
Endiviensalat mit Kartoffeldressing und Berglinsen | 15
Erbspüree mit Shrimps, Zwiebelchutney und Chilinüssen | 30
Feldsalat mit Polenta, Biervinaigrette und Tomatenwürfeln | 29
Rotkohl-Chicoréesalat mit eingelegten Birnen und Cashew-Crunch | 17
Salat aus gebratenen Roten Beten, Chicorée und Blutorangen | 28
Schwarzwurzeln in Bierteig mit Birnen-Karotten-Salsa | 14
Spitzkohlsalat mit Birnen, Walnüssen und Parmesan | 25
Vacherinkäse mit Baguette und Gewürzäpfeln | 25

Suppen und Eintöpfe

Fencheleintopf mit getrockneten Tomaten, Räucherfisch und Orangen-Rouille | 43
Grünkohleintopf mit Quitten, Speck und Karotten | 37
Holundersuppe mit glasiertem Rosenkohl und Parmesanwaffeln | 42
Rote-Bete-Meerrettich-Suppe mit Oregano und Räucherlachs | 38
Rotkohleintopf mit Kartoffeln, Steckrüben und gebratenem Tofu | 35
Steckrübensuppe mit Pinienkernen, Orangen und Salbei | 44
Topinambursuppe | 45
Wintergemüse-Eintopf mit Speck | 45
Zwiebel-Kürbis-Suppe | 35

Gemüsegerichte

Älplermagronen, mit Sellerie, Topinambur und Bergkäse | 67
Blumenkohl mit Kürbiskernen, Schalotte und Oregano | 67
Blumenkohl mit Oliven, Radicchio und Rosmarin | 71
Farfalle mit Grünkohl, getrockneten Tomaten und Kürbiskernen | 59
Flammkuchen mit Rotkohl, Salami und Oliven | 48
Gewürzfenchel mit Crème fraîche und Fenchelsamenbrot | 61
Kartoffel-Focaccia mit Bergkäse und Thymian | 113
Kartoffelplätzchen mit Sellerie, Salbei und Parmesan | 53
Kürbisgnocchi mit Pastinakengemüse | 75
Laugenknödel mit Zwiebel-Wirsing-Gemüse | 65
Maultaschen mit Kartoffel-Gemüse-Füllung und Zwiebelschmelze | 80
Pastinaken-Kartoffel-Rösti mit gebratenem Endiviensalat | 49
Petersilienwurzelravioli mit Zitronenöl und Trüffel | 64
Rote Bete mit Selleriefüllung, Sellerie mit Rote-Bete-Füllung | 57
Rote-Bete-Bergkäse-Pies | 110
Schupfnudeln mit Sauerkraut, Pancetta und Äpfeln | 56
Schwarzwurzeln mit Chicorée und Blutorangen | 74
Spätzle mit Kürbis, Mohn und Manchego | 53
Süßkartoffelpüree mit Kürbiskernpesto und gebratenem Chicorée | 74
Topinambur aus dem Ofen mit Mandel-Senf-Creme und Friséesalat | 71
Weißkohlröllchen mit Ricotta-Kapern-Füllung | 59
Wintergemüse-Lasagne | 70
Wirsing-Quiche mit getrockneten Tomaten, Ricotta und Walnüssen | 111